KOSMOS

W0090365

Bonsai

Schritt für Schritt

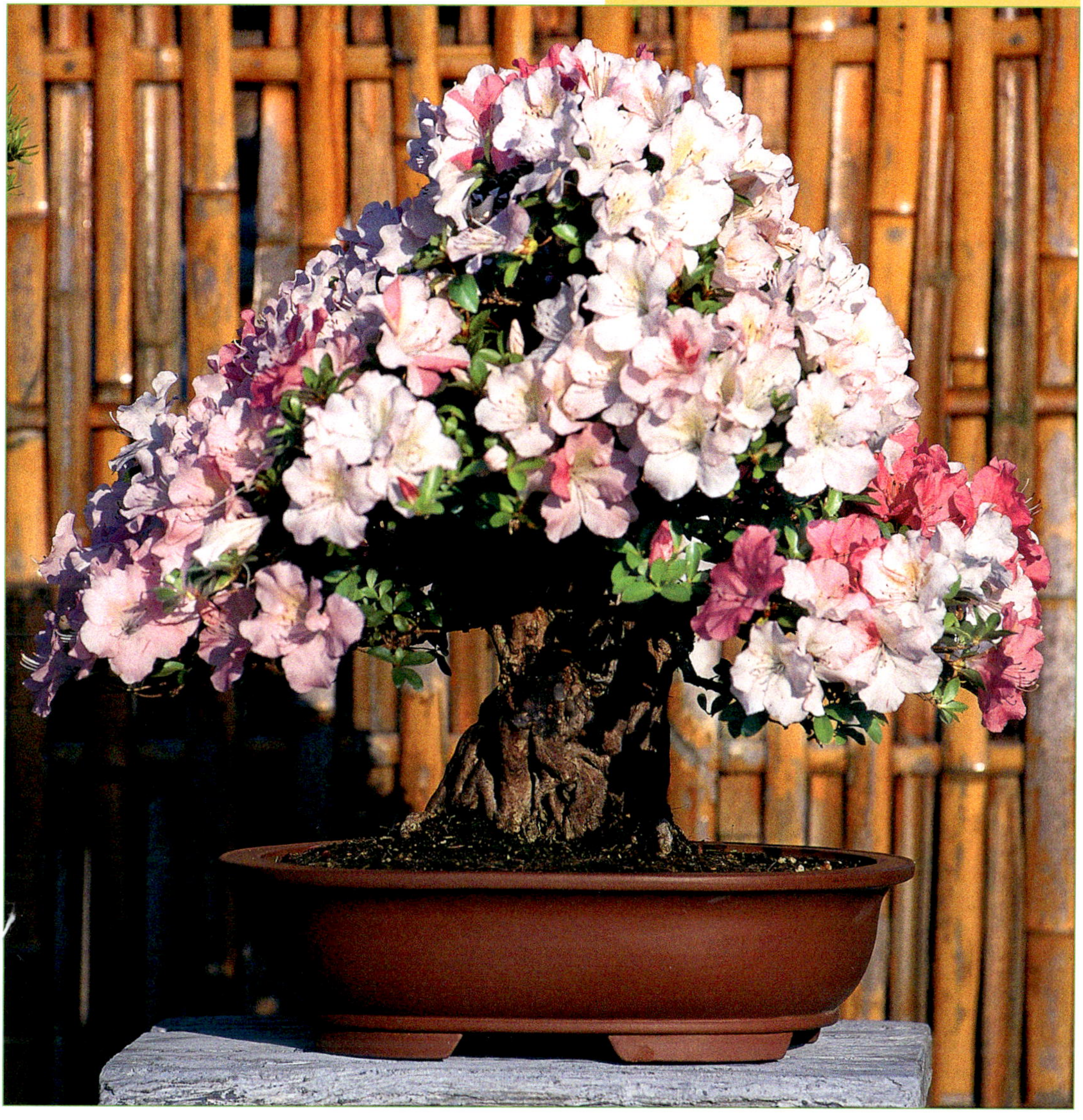

Horst Stahl · Helmut Rüger

Inhalt

Kunstwerke mit Tradition

Der Name Bonsai kommt aus der japanischen Sprache und heißt so viel wie „Baum in der Schale". Ursprünglich kam die Tradition, kleine Bäume oder ganze Landschaften in Schalen zu pflanzen, aus China. Vor etwa 800 Jahren übernahmen die Japaner diese Kunstform und entwickelten sie weiter zu dem, was heute weltweit unter Bonsai verstanden wird. Die Prinzipien der Bonsai-Formgebung orientieren sich an den großen Baumvorbildern in der freien Natur. Ein Bonsai ist daher wie ein frei lebender Baum, ein Kunstwerk im stetigen Wandel. Das Gestalten von Bonsai ist in erster Linie ein ästhetisch künstlerischer Prozess. Das künstlerische Schaffen kann nur von Erfolg gekrönt sein, wenn man die gärtnerischen Techniken gut beherrscht. Gärtnerische Techniken und künstlerische Prinzipien gehen bei Bonsai eine enge Symbiose ein.

Tipps zum Kauf

Einen Bonsai zu kaufen, ist eine sehr persönliche Angelegenheit. Doch gibt es einige Kriterien, die einen guten Bonsai ausmachen. Man findet mittlerweile in jedem besseren Gartencenter ein mehr oder minder reichhaltiges Angebot an Pflanzen, die unter der Bezeichnung Bonsai angeboten werden. Häufig fehlt es in solchen Gartencentern an einer auf die richtige Bonsai-Pflege bezogene Beratung. Da ein guter Bonsai ohne weiteres mehrere Hundert bis viele Tausend Euro kosten kann, ist gerade die sachkundige Beratung von großer Wichtigkeit. Diese Beratung finden Sie in erster Linie in Bonsai-Fachge-schäften. Hier wird Ihnen in allen Fragen bezüglich der richtigen Pflege und Former-haltung ein sachkundiger Partner zur Seite stehen.

1 **Ein gesunder Baum** Wenn Ihnen ein Baum besonders gut gefällt, schauen Sie, ob der Baum einen gesunden Eindruck macht. Das Laub sollte eine der Jahreszeit entsprechende Färbung haben. Achten Sie auch darauf, ob Sie Schädlinge entdecken können. Ein kranker Baum kann Ihre ganze Sammlung infizieren.

Pagode

2 **Ein guter Wurzelballen** Erkundigen Sie sich auf alle Fälle nach dem Zustand des Wurzelballens. Er sollte z.B. bei einer Kiefer dicht von einem Geflecht eines Symbiosepilzes überzogen sein. Die-ser Symbiosepilz ist für das Gedeihen einer Kiefer unumgänglich. Muss der Baum umgetopft werden, wird Ihnen der Händler gerne behilflich sein.

3 **Ein guter Wurzelhals** Ein leicht zu übersehenes Qualitätsmerkmal für einen Bonsai ist der Wurzelhals. Doch nur wenn kräftige Wurzelansätze nach allen Seiten von dem Stammansatz wegstreben, kann der kleine Baum seinen großen Bruder in der freien Natur überzeugend darstellen. Ansonsten wirkt der Baum wie ein in den Boden gesteckter Stab.

Bonsai-Schale

Bonsai-Draht

Bei Importen aus China ist die Erde häufig stark verdichtet.
Daher nach dem Kauf sofort umtopfen.

4 Kein eingewachsener Draht
Bonsai-Draht ist ein Gestaltungs-
hilfsmittel und kein -merkmal. Hat er sich
einmal richtig in die Rinde eingedrückt,
werden diese Spuren niemals ganz zu
verbergen sein. Achten Sie daher beim
Kauf eines Bonsai darauf, dass vorhande-
ner Draht rechtzeitig entfernt wird.

5 Ohne große Zukunft Oft werden
sehr junge, nur wenig gestaltete
Pflanzen angeboten. Solch einfache
Bäumchen sind bestenfalls dazu geeignet,
die Pflege eines Baumes in der Schale zu
üben. Selbst mit besten Gestaltungskennt-
nissen lässt sich aus Billigpflanzen selten
ein ansehnlicher Bonsai gestalten.

6 Laubbäume im Winter beurteilen
Laubbäume lassen sich im Winter
besonders gut beurteilen. Im laublosen
Zustand kann man die feine Verästelung
eines hervorragenden Bonsai sehr gut
sehen. Da ein solch guter Bonsai oft sehr
teuer ist, kann es ratsam sein, den Baum
zur Überwinterung einem Bonsai-Fach-
händler anzuvertrauen.

7 Verlockung der Blüten Sieht man
einen blühenden Bonsai, wird man
von den Blüten meist stark angesprochen.
Ein guter Azaleen-Bonsai wie hier sollte
jedoch im blütenlosen Zustand einen
Baum immer noch überzeugend darstellen
können. Kaufen Sie daher einen Blüten
tragenden Bonsai nicht nur wegen der
Blüten, sondern wegen seiner Form.

Der Baum in der Schale

Gehen ein gut gestalteter Baum und eine dazu passende Schale eine überzeugende Einheit ein, bezeichnet man dies als Bonsai. Der Baum und die Schale bilden in diesem Fall ein Gesamtkunstwerk – wie ein Bild und der dazu gehörende Rahmen. Bei einem Gemälde darf der Rahmen sich nicht in den Vordergrund drängen, und so sollte auch bei einem Bonsai die Schale nicht den Baum dominieren. Die Schale rückt den Baum ins Blickfeld des Betrachters, tritt dabei allerdings in den Hintergrund. Die Auswahl an Schalen ist schier unerschöpflich, doch passen nur wenige Schalen genau zu dem bestimmten Baum. Bei Ihrer Suche nach der richtigen Schale für Ihren Baum finden Sie die richtige Beratung in einem Bonsai-Fachgeschäft.

1 Eine handgefertigte Schale
Neben den preiswerten Schalen aus industrieller Fertigung gibt es handgefertigte Schalen aus Künstlerhand. Der Schalenkünstler hat diese Schale einer historischen Schale nachgeformt. Für sie braucht man einen sehr dominanten Baum mit starker Ausstrahlung.

ovale Schale

rechteckige Schale

Kaskadenschale

2 Schalen für Miniatur-Bonsai
Bonsai gibt es in vielen Formen und Größen. Das beginnt mit solchen von wenigen Zentimetern Höhe und endet mit Bäumen bis 1,8 m Höhe, die nur mit Mühe von mehreren Personen getragen werden können. Daher gibt es zu jeder Form und Größe die passende Schale.

3 Erdene Farben für Nadelbäume
Nadelbäume besitzen eine männlich starke Ausstrahlung. Dazu gehören Schalen aus dunklem Ton, die unglasiert bleiben und daher eine dunkle, erdige Färbung haben. Es kommen eckige oder ovale Schalen in Frage. Nur bei der Literatenform darf es eine runde Schale sein.

Zum Kauf der Schale den Bonsai mitnehmen, um die Harmonie zwischen Baum und Schale besser beurteilen zu können.

4 **Helle Glasuren für Laubbäume** Laubbäume mit ihrer meist femininen Aussage wirken gut in Schalen mit hellen, farbigen Glasuren. Die Glasurfarbe richtet sich dabei nach der Gesamtaussage des Baumes oder an Details aus. Alte Laub-Bonsai mit starker Aussage kann man in unglasierte Schalen pflanzen.

5 **Schalen für Blüten-Bonsai** Bei blühenden Baumarten richtet sich die Glasurfarbe ebenfalls nach einer Detail-aussage des Baumes. Um die leuchtenden Blüten nicht zu dominieren, wählt man meist dunklere Glasurfarben. Eine kräftige Azalee wird man in eine unglasierte, herbere Schale pflanzen.

6 **Großflächige Schalen** Die Schalengröße wird auch von der Stammanzahl bestimmt. Mit mehreren Stämmen fängt man die Stimmung einer Landschaft ein. Überzeugend gelingt das mit flachen, großflächigen Schalen, wobei das Zusammenspiel von Freiraum und bepflanzter Fläche wichtig ist.

Die Grundstilarten – *Einzelbonsai*

Im Laufe der Jahrhunderte haben sich in Anlehnung an die Baumindividuen der großen Bäume in freier Natur einige Gestaltungsformen entwickelt, die so genannten Grundstilarten. Die Kriterien für diese Grundstilarten orientieren sich jedoch nicht nur an den großen Naturvorbildern, sondern es fließen auch die Grundprinzipien der bildenden Kunst in die Gestaltung mit ein. So ist die Anlehnung an die Grundstilarten nur ein Hilfsmittel zur Bonsai-Gestaltung, dem Sie nicht sklavisch folgen sollten. Jeder gute Bonsai ist ein individuelles Einzelkunstwerk, bei dem der Künstler das einzigartige Potential des Baumes sensibel herausgearbeitet und gefördert hat. Zunächst schauen wir uns die Basisstilarten für Einzel-Bonsai genauer an.

1 Frei aufrechte Form Der Stamm verjüngt sich von der Basis bis zur Kronenspitze in gleichmäßigen, sanften Schwüngen zu beiden Seiten, nach hinten und vorne. An der Außenseite der untersten, stärksten Stammbiegung liegt der ausladendste, dickste Ast; die kürzeren, dünneren folgen oben.

Bonsai-Schale

2 Streng aufrechte Form Der Stamm entwickelt sich aus einer breiten Basis zu einer sich verjüngenden Spitze. Er ist ganz gerade. Lediglich im oberen Stammdrittel sind kleinere Stammbiegungen erlaubt. Der unterste und dickste Ast erscheint etwa ein Drittel oberhalb der Stammbasis.

Bonsai-Besen

3 Besenform Aus dem Stammfuß mit an der Erdoberfläche dicken Wurzelansätzen entwickelt sich der gerade Stamm. Im unteren Drittel zerteilt er sich in viele Äste, die wie ein Reisigbesen angeordnet sind. Nach außen verzweigen diese sich immer stärker und bilden eine halbkugelige Krone.

Präsentationstablett

Die Form der Äste sollte sich nach der Form des Stammes richten.

4 **Gelehnte Form** Der Stamm ist zu einer Seite hin geneigt. Seine Form kann sich an der streng aufrechten, wie an der frei aufrechten Form orientieren. Auf der Neigungsseite sind die Äste weniger ausladend als auf der gegenüber liegenden Seite. Durch diese Astanordnung erlangt der Baum sein Gleichgewicht.

5 **Literatenform** Auf einem schlanken Stamm in streng aufrechter oder frei aufrechter Form entwickelt sich im oberen Stammdrittel eine wenig ausladende Krone. Diese Form ist besonders ausdrucksstark. Unterstützt wird sie durch eine sehr flache, meist runde Schale mit geringem Durchmesser.

6 **Wurzelstamm** Bei einem Baum in der freien Natur kann die Erde zwischen den dickeren Wurzeln im Laufe der Jahre durch Erosion fortgespült werden, wodurch der Baum dann gleichsam auf Stelzwurzeln steht. In diesem Fall ist eine klare Gestaltung der sichtbaren Wurzeln besonders wichtig.

Die Grundstilarten – *Sonderformen*

Bäume sind in Extremlagen den gestaltenden Kräften der Natur besonders stark ausgesetzt. Vor allem der Wind ist ein ausdrucksstarker Gestalter der Baumindividuen. In windexponierten Lagen passen die Bäume im Überlebenskampf ihre Form entsprechend an. Häufig sind einseitiges Wachstum oder gleichsam deutlich rasierte Kronen die Folge. Aber auch andere Umwelteinflüsse wie Bergrutsche können imposante Baumcharaktere herausarbeiten. So kann es geschehen, dass ein solcher Bergrutsch einen Stamm über eine Bergklippe drückt, ihn jedoch nicht entwurzeln kann. Nun ragt die Baumkrone hinab in die Tiefe, während seine Wurzeln ihn weiterhin mit seinen Lebensgrundlagen versorgt.

1 **Der gedrehte Stamm** Wechselt der Wind häufig seine Richtung, kann der Stamm langsam in sich verdreht werden. Vor allem die Rindenstruktur entwickelt eine entsprechende Musterung, bedingt durch die nun unter der Rinde verdreht liegenden Saftbahnen. Ferner erinnert die Form an die streng aufrechte Form.

Felsen

Bonsai-Schale

2 **Die windgepeitschte Form** Kommt starker Wind hauptsächlich aus einer Richtung, wird der Baumstamm langsam zur windabgewandten Seite (Lee) hin gedrückt. Die Bewegungsrichtung der Äste folgt dem Winddruck. Auch die Äste der Windseite werden langsam in die Windrichtung gebogen.

3 **Die Trauerform** Die Trauerweide entwickelt ohne das Zutun des Menschen in der freien Natur eine dichte Krone mit weit überhängenden, dicht verzweigten Ästen. Auch eine alte, sturmerprobte Tamariske zeigt im Laufe ihrer Jahre diese Baumgestalt. Überzeugend wirkt sie aber nur mit starkem Stamm.

Tisch

Auf Wanderungen sollte man sich die Bäume in der Natur genau anschauen. Sie dienen als Gestaltungsvorbilder.

4 Die Kaskade Im Hochgebirge oder an einer Steilklippe wurde der Baum durch einen Erdrutsch über den Abhang gedrückt. Die Krone hängt mit stufenartiger Verzweigung weit über die Schalenbasis herab. Über der ersten Stammbiegung erhebt sich eine kleine Krone. Es werden tiefe Schalen verwendet.

5 Die Halbkaskade Bei dieser reichen die überhängenden Äste höchstens bis zur Schalenbasis hinab. Die Krone darf etwas massiger und weiter ausladend gestaltet werden. Die erste Stammbiegung ist nicht so stark wie bei der Kaskade. Bei Kaskade und Halbkaskade verwendet man in erste Linie Nadelbäume.

6 Wurzeln umklammern den Fels Fällt ein Baumsamen in eine erdgefüllte Steinmulde und ist der Stein ferner von Erde umgeben, können die Baumwurzeln in das Erdreich eindringen. Wird der Stein durch Regenfälle frei gewaschen, werden die den Stein umklammernden Wurzeln nach und nach sichtbar.

Mit bonsaigeeigneten Bäumen kann man ganze Landschaften oder Landschaftsausschnitte gestalten. Will man z.B. einen Wald in einer Schale nachempfinden, verwendet man für die Gestaltung Bäume unterschiedlicher Dicke und Höhe. Der dickste und höchste Baum legt mit seiner Dominanz die weitere Gestaltung fest. Um ihn gruppieren sich die folgenden Bäume und geben so ein harmonisches Gesamtbild ab. Manchmal kommt es in der freien Natur jedoch vor, dass mehrere Stämme aus einem gemeinsamen Wurzelbereich wachsen. Je nach Anzahl der Stämme und Form des gemeinsamen Wurzelbereiches ergeben sich die verschiedenen Mehrfachstammstile. Hier werden die einzelnen Stämme ebenfalls unterschiedlich hoch und dick geformt.

1 Bäume auf dem Felsen An einem witterungsbeständigen Stein wachsen mehrere vorgestaltete Bonsai. Der Fels benötigt für die Aufnahme der Wurzeln und der Pflanzerde entsprechende Hohlräume oder Felsspalten. Das Arrangement in eine mit feinem Kies gefüllte, sehr flache Schale ohne Abflusslöcher stellen.

Landschaftsschale

Felsen

2 Der Doppelstamm Zwei Stämme unterschiedlicher Dicke und Höhe entspringen einem gemeinsamen Wurzelbereich. Bei einer solchen „Vater-und-Sohn-Gestaltung" bilden die Stämme an ihrem Ansatz einen v-förmigen, spitzen Winkel. Die Baumkronen stehen in Wechselwirkung zueinander.

3 Die Waldform Mehrere Bäume bilden in einer großflächigen, sehr flachen Schale einen natürlich gewachsenen Wald. Der dickste und höchste Baum ist der Hauptbaum. Er wird ein Drittel vom Schalenrand entfernt gepflanzt. Kleinere und dünnere Bäume im Hintergrund geben der Gestaltung optische Tiefe.

Präsentationstablett

In die Pflanzung eingebrachte Felsen können den
Reiz der gestalteten Landschaft erhöhen.

4 **Der Mehrfachstamm** Auch hier bilden die Stämme einen Wald, nur dass alle Stämme einem gemeinsamen Wurzelbereich entspringen. Solche Baumformen entstehen, wenn weit unten entspringende Äste eines Baumes den Boden berühren, an ihrer Unterseite bewurzeln und zu eigenen Stämmen heranwachsen.

5 **Der Schildkrötenpanzer** Hier handelt es sich um einen Mehrfachstamm, bei dem sich der gemeinsame Stammfuß stärker über der Erdoberfläche erhebt – zur Mitte hin sogar stärker. Diese Stammfußplatte wölbt sich gleichsam in der Form eines Schildkrötenpanzers auf, was der Stilart den Namen gibt.

6 **Die Floßform** Sie stellt eine weitere Sonderform dar. In freier Natur wird ein Baum vom Wind umgeworfen. Er hat den Fall überlebt und auf der gesamten Stammunterseite bilden sich Wurzeln. Die Äste wachsen zu eigenen Stämmen heran, wobei der ehemalige Stamm den gemeinsamen Wurzelbereich darstellt.

Die tägliche Pflege

Bonsai zu besitzen, bedeutet regelmäßige und zuverlässige Pflegearbeiten an den Bäumen durchzuführen. Wichtig für ein gutes Gedeihen sind der richtige Standort, regelmäßiges und sorgfältiges Gießen und das richtige Düngen zur Wachstumszeit. Die meisten Bonsai sind Bäume aus unserem Klimabereich. Deshalb müssen sie ganzjährig außerhalb eines Raumes stehen. Das kann ein Balkon oder eine Terrasse sein. Außen-Bonsai können Sie nur für wenige Tage in einem Zimmer aufstellen, ohne dass die Bäume dabei Schaden nehmen. Lediglich tropische Bäume sind als Zimmer-Bonsai geeignet. In dem geringen Erdvolumen der meist flachen Bonsai-Schalen kann nur wenig Wasser gespeichert werden, weshalb Sie an warmen Sommertagen zum Teil mehrmals am Tag gießen müssen.

Standort – *drinnen oder draußen*

Die meisten für Bonsai *geeigneten Baumarten kommen aus unserem Klimabereich und müssen daher einen Standort im Freien haben. Balkon oder Terrasse können ein guter Standort sein. Im Winter müssen Sie ab etwa –5 °C den Wurzelballen gegen Durchfrieren und die oberirdischen Teile gegen kalte Winde schützen. Das macht man z.B. mit einer mit feuchtem Rindenmulch gefüllten Holzkiste, in welche man die Schalen einsenkt. Lediglich tropische und einige subtropische Baumarten werden als Zimmer-Bonsai gepflegt. Hier sollte es ein Standort an einem hellen Fenster nach Süden, Westen oder Osten sein. Für subtropische Arten benötigen Sie im Winter einen unbeheizten Raum als Standort.*

1 Holzbohlen als Stellfläche Ein idealer Standort für Ihre Bonsai besteht aus Holzbohlen in etwa Bauchhöhe. In dieser Höhe können Sie sie betrachten und gut daran arbeiten. Zwischen den Holzbohlen sollten schmale Zwischenräume sein, damit überschüssiges Gießwasser abfließen kann.

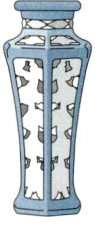

Säule

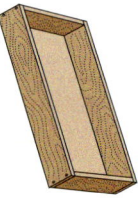

Thermometer

flache Holzkiste

2 An warmen Tagen schattieren Um die Wasserverdunstung herabzusetzen, sollte man über den Bonsai-Regalen eine Schattierung vorsehen. Dazu eignen sich Schattierungsnetze aus dem Gartenfachhandel. Das ist besonders wichtig, wenn Sie ganztägig berufstätig sind und daher nicht so häufig gießen können.

3 Einzelstellflächen Bonsai lassen sich in die Gartengestaltung mit einbeziehen. Ein etwas erhöhter Pfahl mit einer oben angebrachten Stellfläche rückt Ihren Lieblings-Bonsai in das Blickfeld das Betrachters. Der Pfahl sollte gut im Boden verankert sein, damit er nicht vom Wind umgedrückt wird.

Bei Zimmer-Bonsai kann es notwendig sein, eine
Pflanzenlampe über dem Standort anzubringen.

4 **Windschutz mit einplanen** Liegt Ihr Garten in einem windexponierten Bereich, sollten Sie einen Windschutz mit einplanen. Denn starke Winde können die Erde in den Bonsai-Schalen zusätzlich austrocknen. Zugleich verhindert der Windschutz, dass die Bonsai von ihren Stellflächen geweht werden.

5 **Verdunstung eindämmen** Vor allem kleine bis sehr kleine Bonsai-Schalen können im Sommer sehr schnell austrocknen. Hier helfen flache Holzkisten mit feuchtem Lavagranulat, auf das man die Bonsai-Schalen stellt, die Verdunstung deutlich vermindern. Zusätzlich entsteht ein wachstumsförderndes Kleinklima.

6 **Keine Angst vorm Winter** Da die meisten Bonsai aus unserem Klimabereich kommen, vertragen sie tiefe Wintertemperaturen. Der Schnee bildet einen natürlichen Kälte- und Verdunstungsschutz. Lediglich der Wurzelballen sollte nicht mehrere Tage durchgefroren sein, da das zu Trockenschäden führt.

Gießen und düngen

Wasser ist für alle Lebewesen
die absolute Lebensgrundlage. Ein Bonsai kann nur gesund erhalten werden, wenn er zum richtigen Zeitpunkt ausreichend viel Wasser bekommt. Wasser kann Ihren Bonsai allerdings auch schwer schädigen, z.B. wenn überschüssiges Gießwasser nicht abfließen kann und somit zu Staunässe führt.
Pflanzen nehmen über die Wurzeln nicht nur Wasser und Nährsalze auf, sondern benötigen für ihren Stoffwechsel zudem Sauerstoff. Durch das Gießen bei ausreichendem Wasserabfluss wird die verbrauchte Luft durch frische Luft ausgetauscht. Kann das überschüssige Gießwasser nicht abfließen, ersticken die Wurzeln. Bei Staunässe ist ein sofortiges Umtopfen unerlässlich, will man den Bonsai noch retten.

1 **Bonsai-Gießkanne** Sie besitzt einen langen Gießhals, wodurch das Wasser mit hoher Geschwindigkeit zum Brauskopf kommt und fein verteilt wird. Gießen Sie nicht nur die Erde, bis überschüssiges Gießwasser aus den Bodenlöchern der Schale abfließt, sondern überbrausen Sie regelmäßig den ganzen Baum.

Bonsai-
Gießkanne

Düngekugeln

Regenwasser-
tonne

2 **Gießen zur richtigen Zeit** Wenn Sie die aus Japan importierte Akadama-Erde als Bonsai-Erde verwenden, zeigt die Hellfärbung den richtigen Gießzeitpunkt an. In der Abbildung sind die Erdoberflächen bei einigen Bonsai-Schalen noch dunkel gefärbt. Nur die Bonsai mit hell gefärbter Erdoberfläche sollten gegossen werden.

3 **Kalkarmes Wasser verwenden** Ist das Wasser in Ihrer Gegend sehr kalkhaltig, kommt es sehr schnell zu Kalkausblühungen an den Bäumen und auf der Erdoberfläche. Verwenden Sie hier nach Möglichkeit Regenwasser oder kochen Sie das Leitungswasser ab und lassen es einige Tage stehen bis Sie es zum Gießen verwenden.

Als Gießwasser eignet sich gesammeltes Regenwasser besonders gut, da es keinen Kalk enthält.

4 Staunässe Bei einer guten Erdstruktur muss Wasser schnell im Boden einsickern. Steht nach einiger Zeit immer noch Wasser auf der Oberfläche, haben Sie Staunässe. Gründe hierfür sind eine verdichtete Erdstruktur oder verschlossene Abflusslöcher im Schalenboden. Jetzt muss schnell umgetopft werden.

5 Regelmäßig düngen Nur wenn Sie Ihre Bonsai in der Wachstumszeit von Frühjahr bis Herbst gut düngen, erhalten Sie einen ausreichenden Zuwachs für eine weitere Gestaltung. In der Abbildung wurde der linke Baum gut gedüngt, während der rechte Baum zu hungrig gehalten wurde.

6 Düngekugeln zur Versorgung Im Fachhandel erhältliche Düngekugeln versorgen Ihre Bonsai ideal mit Nährsalzen. Der organische Dünger wird durch Kleinlebewesen im Boden in pflanzenverwertbare Nährsalze umgewandelt. Auf der Suche nach den Nährsalzen wachsen die Wurzeln sogar in die Düngekugeln.

7 Gesunde Wurzeln Pflanzen können nur über die Wurzelspitzen Wasser und Nährsalze aus dem Boden aufnehmen. Aktive und gesunde Wurzelspitzen sind weiß gefärbt. Hegen Sie den Verdacht, dass sich ein Wurzelschaden entwickelt hat, nehmen Sie den Baum aus der Schale. Sind die Wurzelspitzen braun und matschig, muss umgetopft werden.

Schädlinge und Mangelerkrankungen

Wie alle Lebewesen *können auch unsere Bonsai erkranken. Sie können von Schädlingen befallen sein oder an Pflegemängeln leiden.*

Schädlinge entziehen dem Bonsai Nährstoffe, schädigen sein Gewebe oder fressen Teile von ihm. Bei geringem Befall helfen in der Regel einfache Maßnahmen. Bei massivem Befall hingegen können ganze Pflanzenteile absterben, wenn nicht sogar das Leben des Bonsai als Ganzes bedroht ist. Grundsätzlich sollte bei stärkerem Schädlingsbefall die Hilfe von Fachleuten erbeten werden. Wenden Sie niemals einfach irgendein Pflanzenschutzmittel an, da bei unsachgemäßem Gebrauch diese Mittel Schaden anrichten können.

1 Blattläuse I Sie stechen mit ihren Saugrüsseln die Leitungsbahnen unserer Bonsai an. Der Pflanzensaft ist vor allem zuckerhaltig und enthält nur wenige andere Nährstoffe. Entsprechend scheiden die Blattläuse den Zuckerüberschuss aus. Tropft der Saft auf die Blätter siedeln sich hier Mikropilze an.

Raupen

Spinnmilben

Blattläuse

2 Blattläuse II Blattläuse sind die am häufigsten auftretenden Schädlinge und kommen in den verschiedensten Farben vor, können grün oder schwarz sein. Es gibt Arten, die sich unter einem feinen Gespinst (Wollläuse) oder in einem Schaumnest (Schaumläuse) verbergen. Bei geringem Befall reicht ein kräftiger Wasserstrahl aus, um die Schädlinge zu entfernen.

3 Raupen Hierbei handelt es sich um die Jugendform von Schmetterlingen. Das Schmetterlingsweibchen legt häufig an den Blattunterseiten ihre Eier ab. Aus diesen schlüpfen kleine Larven, die sich von Blättern ernähren. Nach mehreren Häutungen verpuppt sich die große Raupe und schlüpft nach einiger Zeit als Schmetterling.

Gegen Blattläuse hilft auch das Spritzen mit einer
frisch ansetzten Brennnesselbrühe.

4 **Wurzelwollläuse** Sie gehören zu
den Schildläusen, besitzen jedoch
keinen festen Schutzpanzer, sondern
hüllen sich in eine wollige Schicht ein. Da
sie an den Wurzeln saugen, schädigen sie
die ganze Pflanze. Bei Befall beginnt die
ganze Pflanze zu welken. Man sieht sie
erst bei Betrachtung der Wurzeln.

5 **Spinnmilben** Der mikroskopisch
kleine Schädling (0,3 bis 0,5 mm)
gehört zu den Spinnentieren und saugt die
Hautzellen der Blätter aus. Das Schadbild
zeigt zu Beginn kleine weißlich-gelbe
Flecken, die bald zu größeren Flecken
zusammenwachsen. Die Blätter welken
und fallen vorzeitig ab.

6 **Chlorose** Ein Gelbwerden der Blätter
in der Wachstumszeit deutet fast
immer auf einen Düngermangel hin.
Häufig ist es ein Mangel an pflanzen-
verwertbarem Eisen, was sich an noch
grünen Blattadern zeigt, während die
Blattflächen ausbleichen. Entweder enthält der Dünger zu wenig Eisen oder das
Wasser ist zu kalkhaltig.

7 **Pilze** Werden Pflanzen zu feucht
gehalten, kann es zu verschiedenen
Pilzerkrankungen führen. Der Mehltau ist
wohl die bekannteste dieser Erkrankun-
gen. Zunächst hat man leicht pelzige
Überzüge an den Blattunterseiten. Das
geschädigte Gewebe stirbt ab und es
entstehen bräunliche Flecken bis
schließlich das Blatt vollständig welkt.

Bonsai in Form halten

Ein Bonsai ist ein lebendes
Kunstwerk und befindet sich
daher in einem stetigen
Wandel. Ist der Baum gesund,
gewinnt er in der Wachstumszeit an Zuwachs. Neue Triebe
kommen hinzu. Es ist jedoch
möglich, dass Äste, Zweige
oder gar ganze Baumteile
absterben. Wie auch immer,
die einmal einem Bonsai
gegebene Form wird sich im
Laufe der Jahre wandeln.
Sie müssen daher ständig an
Ihrem Bonsai arbeiten, seine
Form bewahren, weiter-
entwickeln oder neu aufbauen.
Die hierfür notwendigen
Erhaltungs- und Gestaltungsarbeiten unterscheiden sich
von Baumtypus zu Baumtypus.
So sind die Arbeiten an Nadelbäumen andere als die an
Laubbäumen. Zudem müssen
Laubbäume vorsichtiger
gedrahtet werden als Nadelbäume.

Für eine Bonsai-Gestaltung

wird wie bei jeder anderen handwerklichen Tätigkeit geeignetes Werkzeug benötigt. Die bei Bonsai üblichen Werkzeuge wurden über eine lange Tradition in Japan entwickelt, um die notwendigen Arbeiten leicht und effektiv durchführen zu können. Haben Sie nur ein bis zwei Bonsai, können Sie natürlich die meisten Arbeiten an den Bäumen mit den im Garten üblicherweise verwendeten Werkzeugen durchführen. Im Laufe der Zeit werden Sie jedoch bemerken – vor allem, wenn Ihre Bonsai-Sammlung wächst –, dass Sie, um aufwendigere Gestaltungsarbeiten durchführen zu können, doch besser auf die üblichen Bonsai-Werkzeuge zurückgreifen. Für den Anfang benötigen Sie natürlich nicht jedes Spezialwerkzeug.

1 Normale Bonsai-Schere Diese ist das am häufigsten benötigte Werkzeug. Mit ihr können Sie beim Umtopfen die Wurzeln einkürzen, aber auch Äste und Zweige zurückschneiden. Für einen gut verheilenden, glatten Schnitt sollten die beiden Schneiden sehr scharf sein und gut aneinander vorbeigleiten.

runde
Konkavzange

lange Bonsai-
Schere

Blattschneider

2 Lange Bonsai-Schere Sie ist vor allem zum Beschneiden feiner Triebe geeignet. Ob ihrer langgestreckten Form können Sie hervorragend im Innern dichter Kronen die feinsten Triebe erreichen und in Form halten. Scharfe Schnittflächen vermeiden ein Abquetschen der Triebe, die sonst schlecht verheilen würden.

3 Runde Konkavzange Die runde Konkavzange setzen wir zum Entfernen dünnerer Äste oder Knospen ein. Die Schnittflächen sind so angelegt, dass sie sich in der Mitte etwas stärker in das Holz eingraben. Man erhält einen runden, konkaven Schnitt, bei dem sich die sich bildende Narbe später gut in die Rindenfläche des Astes einfügt.

Bei allen Schnittwerkzeugen auf peinliche Sauberkeit achten, da sonst Krankheiten übertragen werden können.

4 **Große Konkavzange** Sie dient dem Entfernen dickerer Äste und Zweige und zudem dem Einkürzen des Stammes oder dem Beschnitt dickerer Wurzeln. Den länglich konkaven Schnitt sollten Sie längs der Fließrichtung des Wassers in den Leitungsbahnen anlegen. So heilt die Wunde schneller.

5 **Drahtzange** Mit ihr werden Bonsai-Drähte durchgekniffen – hier gerade der Fixierungsdraht für den Baum am Boden der Schale. Wegen ihrer kurzen Kneifbacken eignet sich die Drahtzange bestens dazu, Gestaltungsdrähte nah an der Rinde zu entfernen, ohne dass diese verletzt wird.

6 **Wurzelkralle** Zum Entfilzen des Wurzelballens beim Umtopfen ist sie ein nützliches Werkzeug. Haben Sie den Baum zum Umtopfen aus der Schale genommen, lockert man vorsichtig von außen nach innen den Wurzelballen. Die langen Wurzelbärte kann man dann gut zurückschneiden.

7 **Blattschneider** Für ganz feine Arbeiten an sehr dünnen Baumberei-chen verwenden Sie den Blattschneider. Dieses Werkzeug ist wie eine Pinzette aufgebaut, nur dass es sehr scharfe Spitzen hat. Mit dem Blattschneider können Sie einen Blattschnitt durchführen oder ganz dünne, noch zarte Triebe einkürzen.

Astschnitt *und Wundbehandlung*

Die richtige Wundbehandlung

wird von einigen Bonsai-Freunden leider immer wieder vernachlässigt. Grundsätzlich sollte jede Baumwunde, die einen Durchmesser in der Größe eines Bleistiftes aufweist, sorgfältig versorgt werden. Nur so ist eine anschließend vollständige Verheilung sichergestellt (siehe Foto). Da das Holz eines Baumes zum größten Teil aus abgestorbenen Zellen besteht, ist nach dem Entfernen eines Astes ohne die schützende Abdeckung der Rinde an dieser Stelle ein Einfallstor für das Holz zerstörende Organismen entstanden. Bei den großen Bäumen im Garten verwenden Sie hierfür Baumwachs. Da dieses Baumwachs über lange Zeit bleibende Spuren hinterlässt, verwenden Sie bei Bonsai eine japanische Wundknetmasse aus dem Fachhandel.

1 **Schlecht verheilte Wunde** Hier wurde vor Jahren ein dickerer Ast entfernt. An den Wundrändern hat sich ein Wundkallus gebildet. Normalerweise wäre danach das Verheilungsgewebe von außen nach innen weitergewachsen. Dieser Vorgang wurde in Folge der mangelnden Wundversorgung gestoppt.

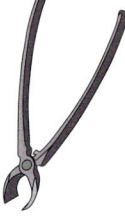

große Konkav-zange

Stechbeitel

2 **Fäulnis** Sie sehen hier, wie tief der Fäulnisprozess ins gesunde Holz eindringen kann. Der gesamte schwarz gefärbte Holzteil ist durch einsickerndes Wasser und von darin befindlichen Fäulniserregern befallen. Dieser Prozess würde ohne entsprechende Behandlung immer weiter fortschreiten.

3 **Tote Aststümpfe entfernen** Nach dem Entfernen eines Astes verbleibende Aststümpfe können durch den Wundheilungsprozess meist nicht verschlossen werden. Mit der runden Konkavzange wird der Aststumpf ganz nah am Stamm entfernt. Der Konkavschnitt hinterlässt im gesunden Holz eine kleine Vertiefung.

Wundknetmasse

Das Wundverschlussmittel immer direkt nach dem Schnitt auftragen.

4 **Wundränder nacharbeiten** Mit einem kleinen Stechbeitel müssen die Wundränder sorgfältig nachgearbeitet werden. Sie sollten sich nicht mehr über das Rindenniveau des Stammes erheben. Auf diese Weise können Sie auch kleine Schnittunsauberkeiten nacharbeiten und kleine Holzsplitter abhebeln.

5 **Wundknetmasse auftragen** Im Bonsai-Fachhandel wird eine spezielle Wundknetmasse angeboten. Mit angefeuchteten Fingerspitzen nehmen Sie eine kleine Portion der Knetmasse und drücken sie mittig auf die Wunde. Durch das Anfeuchten der Fingerspitzen bleibt sie nicht an den Fingern kleben.

6 **Knetmasse glatt streichen** Mit angefeuchteten Fingerkuppen die Masse gleichmäßig über die gesamte Wundfläche drücken. Dabei die Knetmasse über die Wundränder hinausdrücken. Im Laufe der Zeit findet unter der Knetmasse die Wundverheilung statt. Nach der Verheilung fällt sie restlos von selbst ab.

Erhaltungsarbeiten an Laubbäumen

Bei allen Laubbaumarten *wird die grundsätzliche Form im Spätherbst oder im zeitigen Frühjahr überarbeitet. In dieser Zeit fehlen die Blätter, die ansonsten den Einblick in den Baum verdecken könnten. Nun werden alle überlangen Triebe des Vorjahres eingekürzt, zu dicht gewachsene Baumbereiche ausgedünnt und eventuell die Form störende Äste entfernt.*

Im Frühjahr beginnen mit dem Austrieb die Erhaltungsarbeiten. Aus jeder Blattknospe wachsen nicht nur Knospen, sondern ganze Triebe mit einer Reihe von Blättern daran. Grundsätzlich kann man sagen, dass bei den meisten Laubbaumarten die neuen Triebe auf etwa acht Blattansätze heranwachsen dürfen und dann auf etwa zwei Blattansätze zurückgeschnitten werden.

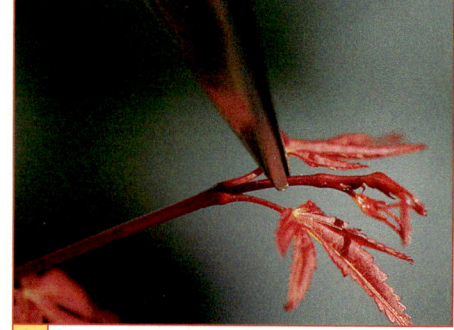

1 Ahorn pinzieren Bei bereits gestalteten Ahornen muss man sehr früh die neuen Triebe im Wachstum bremsen. Sobald sich die Knospen öffnen, zupft man mit einer Pinzette zwischen dem ersten Blattpaar die Triebspitze heraus. So wird das Längenwachstum des Triebes gebremst, man erhält kurze Blattabstände.

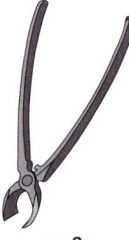

große Konkavzange

2 Triebschnitt Mit der richtigen Schnittführung kann man die Richtung des Folgetriebes steuern. Die Achselknospe, auf die zurückgeschnitten wird, zeigt bereits in die Richtung, in die der daraus erscheinende Trieb wachsen wird. So lässt sich die weitere Gestaltung allein durch die Schnitte steuern.

3 Blattschnitt Sind die Blätter zu groß für das Erscheinungsbild des Bonsai, kann ein Blattschnitt durchgeführt werden. Es werden die Blattflächen abgeschnitten, der Blattstiel bleibt stehen. Dieser trocknet bald ein, fällt ab und aus seiner Achselknospe wächst ein neuer Trieb mit kleineren Blättern.

Stechbeitel

Blattschneider

Besonders geringe Blattabstände erhält man, wenn schon beim Öffnen der Knospen die Triebe eingekürzt werden.

4 Äste und Aststümpfe entfernen
Die Form störende Äste oder noch vorhandene, eingetrocknete Aststümpfe werden mit einer Konkavzange entfernt. Das Schnittbild der Konkavzange ist leicht ins Holz eingesunken. Die Wunde wird sich bei der späteren Verheilung gut in das Gesamtbild einfügen.

5 Wunden nacharbeiten Für eine gute Verheilung glättet man mit einem scharfen Stechbeitel die Wundränder. Wurde ein dicker Ast entfernt, wird die Einkerbung in das Holz mit dem Stechbeitel etwas vertieft. Eine Versiegelung der Wunde mit Wundknetmasse ist notwendig.

6 Rückschnitt langer Triebe
Manchmal sollte man einen Baum zur Erholung stärker durchwachsen lassen. So erreicht man ein stärkeres Dickenwachstum. Bei dem nun erforderlichen Rückschnitt werden alle Triebe wieder in Form gebracht und auf zwei bis drei Blattansätze zurückgeschnitten.

Erhaltungsarbeiten an Kiefern

Kiefern gehören zu den immergrünen Pflanzen, das heißt die Blätter verbleiben mehrere Jahre an dem Baum, bevor sie schließlich überaltert sind, gelb werden und abgeworfen werden. In jedem Frühjahr wachsen aus den Knospen zunächst lange kerzenartige Triebe. Haben sie ihre endgültige Länge erreicht, werden aus feinhäutigen Blattscheiden die Nadeln hervorgedrückt. Je nach Kiefernart kommen zwei oder fünf Nadeln aus einer Blattscheide.

Die bei uns heimische Gemeine Kiefer (Pinus silvestris) oder die Schwarzkiefer (Pinus nigra) gehören zu den zweinadeligen Kiefern, während die bei Bonsai-Freunden sehr beliebte Mädchenkiefer (Pinus parviflora) zu den fünfnadeligen Kiefern gehört.

1 **Mädchenkiefer im August und September** Während der Wachstumszeit hat sie dichte Nadelpolster gebildet. Dies- und vorjährige Triebe sind mit Nadeln bewachsen. Ließe man alle Nadeln an dem Bonsai, würde das Spitzenwachstum der Triebe gefördert, die Kiefer würde aus der Form geraten.

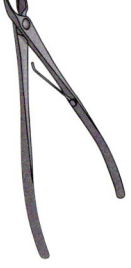

**flache
Konkavzange**

Bonsai-Draht

2 **Vorjährige Nadeln entfernen** Eine Reduktion der Nadelmasse ist erforderlich. Mit einer scharfen Schere alle vorjährigen Nadeln nah am Trieb abschneiden. Die Nadelreste trocknen bald ein und werden abgeworfen. Die alten Nadeln kann man zudem durch vorsichtiges Zupfen mit den Fingerspitzen ablösen.

3 **Nach der Reduktion** Durch das Reduzieren der Nadelmasse erhält der Baum wieder Transparenz. Nun haben, bei dichtem Wachstum eines Bonsai, alle Triebe wieder die Chance, genügend Licht zu bekommen. Ohne Nadelreduktion würden erhebliche Baumteile zu stark beschattet, verkahlen oder gar absterben.

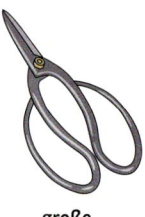

**große
Bonsai-Schere**

4 **Adventivknospen erscheinen** In
vielen Blattbüscheln befinden sich
kleine Knospen, die gewöhnlich nicht zum
Austrieb verwendet werden. Es sind
„schlafende Augen", die nur im Notfall austreiben. Wir nutzen sie, um schöne Nadelpolster zu erhalten, da aus ihnen kurze
Triebe mit kurzen Nadeln wachsen.

5 **Neue Triebe einkürzen** Die im Frühjahr aus den Knospen wachsenden,
kerzenartigen Triebe werden eigentlich
lang. Für ein bonsaigemäßes Wachstum
werden sie mit den Fingerkuppen um ein
bis zwei Drittel gekürzt. Dabei zunächst
die längsten Kerzen und ein bis zwei
Wochen später weitere Kerzen einkürzen.

6 **Blütentriebe entfernen** Mitunter
entwickeln sich Blüten tragende Triebe. An der Basis junger Triebe sitzen dann
viele männliche Blüten, die weiblichen
indes vereinzelt an der Spitze anderer
Triebe. An solchen mit männlichen Blüten
wachsen Nadeln nur an der Spitze. Diese
Triebe komplett entfernen.

Erhaltungsarbeiten am Wacholder

Auch Wacholder sind immergrüne kleine oder größere Bäume oder reich verzweigte Sträucher mit dünner, selten schuppenförmiger Rinde. Die Blätter stehen entweder nadelförmig von den Zweigen ab oder liegen schuppenförmig eng und dicht an ihnen. Beim Chinesischen Wacholder (Juniperus chinensis) sind die schuppenförmigen Blätter bevorzugt. Findet der Rückschnitt der mit schuppenförmigen Blättern ausgestatteten Triebe zum richtigen Zeitpunkt statt, werden Triebe mit dieser Blattform gefördert. Muss man jedoch sehr stark zurückschneiden, weil die vorherige Pflege durch Rückschnitt vernachlässigt wurde, kommt es zur Ausbildung von Trieben mit stechend nadelförmigen Blättern.

1 Igelwacholder zurückschneiden
Der Juniperus rigida ist unserem Gemeinen Wacholder (Juniperus communis) sehr ähnlich. Die im Frühjahr wachsenden neuen Triebe werden im noch weichen Zustand mit einer scharfen Schere um ein bis zwei Drittel eingekürzt. Dabei keine Nadeln mit anschneiden.

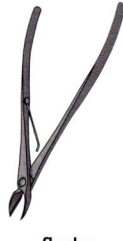

flache
Konkavzange

große
Bonsai-Schere

2 Lange Nadeln abzupfen In den Achseln langer Nadeln entwickeln sich Kurztriebe mit Büscheln kurzer Nadeln. Die langen Nadeln (bis 25 mm Länge) sind nicht erwünscht und werden einzeln mit einer Pinzette ausgezupft. Dies ist zeitaufwendig und mühselig, kommt aber der Form des Igelwacholders zugute.

3 Flache Nadelpolster erzielen Bei Frühjahrsarbeiten an Igelwacholdern die starken Spitzentriebe einkürzen. Nach einiger Zeit sind die Nebentriebe länger geworden; diese ebenfalls kürzen. Ziel sind flache dem Baum eine gute Struktur gebende Nadelpolster. Streng nach unten wachsende Triebe entfernen.

Pinzette

Unsere heimischer Gemeiner Wacholder wird ähnlich wie der Igelwacholder in Form gebracht.

4 Chinesischen Wacholder zurück-schneiden Er bildet bei richtiger Pflege reich und eng verzweigte Triebe aus. Durch Rücksetzen auf kürzere Neben-triebe wird das Wachstum gesteuert. Vor allem aus den Laubpolstern hinausragen-de Triebe werden mit der scharfen Bonsai-Schere zurückgeschnitten.

5 Laubpolster ausdünnen Zu dicht bewachsene Laubpolster des Chinesi-schen Wacholders neigen dazu, Triebe unverzweigt lang auswachsen zu lassen. Durch regelmäßiges Ausdünnen wirkt man dem entgegen. Aufgelockerte, wolkenför-mige Nadelpolster sind in sich strukturiert und wirken viel natürlicher.

6 Älteren Bonsai strukturieren Bei diesem Chinesischen Wacholder in Kaskadenform wurde der Rückschnitt vernachlässigt. Die einzelnen Laubpolster gehen ineinander über und verdecken seine feine Verzweigung. Durch Abflachen der Nadelpolster (siehe oben) wird der Baum vollständig neu strukturiert.

Mit Draht formen

***Bei der Bonsai-Gestaltung** gibt man relativ jungen Bäumen die Form eines alten, sturmerprobten Baumes. Da junge Bäume beim Kampf um das lebensnotwendige Licht möglichst schnell in die Höhe wachsen wollen, sind Äste und Zweige in dieser Zeit eher nach oben gerichtet. In der freien Natur erhalten die Äste durch ihr Eigengewicht oder durch Schneelasten eine waagerechte oder abwärts geneigte Form. Diese Form erreichen wir bei jüngeren Bäumen nur mit Hilfe menschlichen Eingreifens. Als Hilfsmittel verwenden wir in der Bonsai-Gestaltung durchgeglühten Kupferdraht oder verkupferten Aluminium draht unterschiedlicher Dicke – und damit Biegekraft.*

Jin-Zange

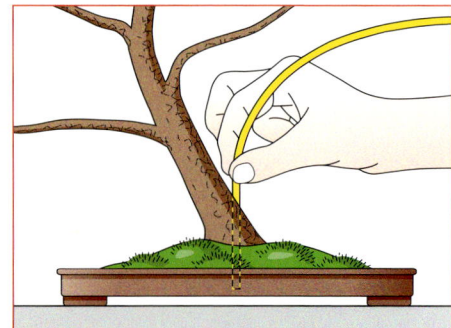

1 **Stammdraht im Boden fixieren**
Für eine Formkorrektur des Stammes einen dicken oder mehrere dünne Drähte verwenden. Den Draht gut fixieren, damit er seine Biegekraft voll entfalten kann. Hierzu den Draht auf der Stammrückseite tief in den Boden stecken und erst dann am Stamm nach oben führen.

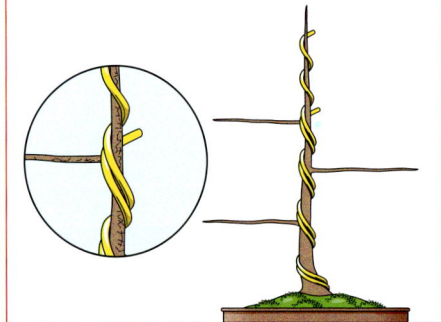

2 **Bis zur Spitze eindrahten** Nachdem die beiden gleich starken Drähte im Boden fixiert sind, können Sie diese parallel zueinander verlaufend in gleichmäßigen Schwüngen hinaufführen. Da der Stamm an der Spitze zunehmend dünner wird, endet einer der Drähte vorzeitig und nur der zweite Draht wird bis zur Spitze weitergeführt.

großer
Bonsai-Draht-
schneider

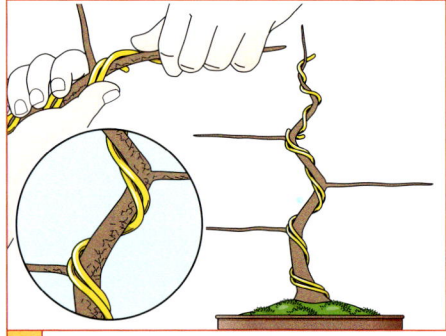

3 **Den Stamm biegen** Nun wird der Stamm gebogen. Seine Biegungen sollten so verlaufen, dass die Äste jeweils auf der Außenseite der Stammbiegungen entspringen. Zum Biegen üben Sie mit dem Daumen der einen Hand an der Biegungsinnenseite Druck aus, während Sie mit der anderen Hand oberhalb ansetzen und den Druck verstärken.

Bonsai-Draht

Anstelle von verkupfertem Aluminiumdraht wird auch durchgeglühter, dünnerer Kupferdraht verwendet.

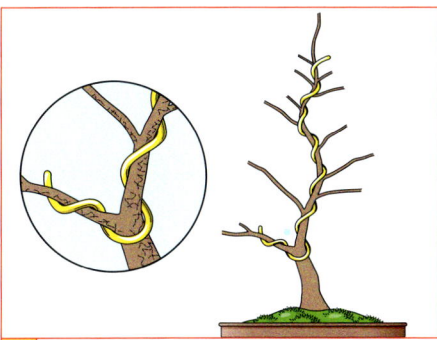

4 **Nur einen Teil drahten** Muss nur ein Teil des Stammes in der Form korrigiert werden, verwenden wir einen Ast als Fixpunkt. Der Draht wird um den Stamm herum zum Konterast hingeführt, und der Ast mit wenigen Umwindungen versehen. Jetzt den Stamm bis zur Spitze hin durchdrahten und anschließend in Form biegen.

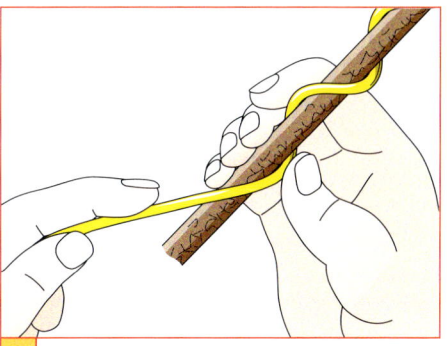

5 **Rindenverletzungen vermeiden** Das Anlegen des Drahtes erfolgt stets mit beiden Händen. Während die eine Hand den Draht sichert, führt die andere Hand den Draht um den jeweiligen Baumteil. Die Sicherungshand drückt den Draht an der Ober- und der Unterseite leicht an und hält ihn fest in Position.

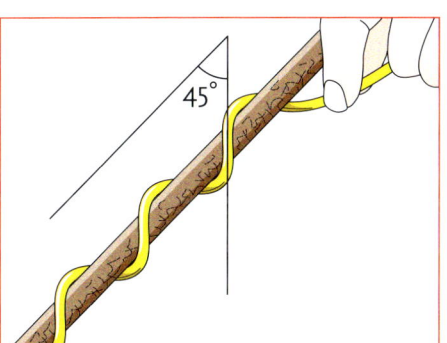

6 **Auf gleiche Abstände achten** Nur wenn Sie den richtigen Abstand zwischen den einzelnen Drahtwindungen wählen, kann der Draht seine korrigierende Kraft ausüben. Der Anstieg von Windung zu Windung sollte bei etwa 45 Grad liegen. Zu enge Windungen können beim Biegen zum Bruch des Astes führen.

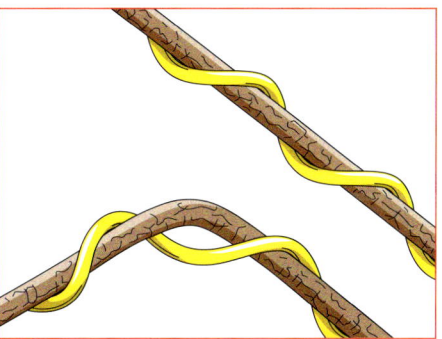

7 **Draht an Biegungsaußenseite legen** Schon bei der Drahtungsplanung müssen Sie die beabsichtigten Stammbiegungen mit einplanen. Der Draht muss immer über den „Rücken" der Biegung führen. Ist das nicht der Fall, löst er sich beim Biegen vom Baumteil und dieser könnte brechen. Zudem hat der Draht nicht die Kraft, die Biegung zu halten.

Drahten – *Formkorrekturen*

Ein Bonsai wird immer *von unten nach oben und von innen nach außen gedrahtet. Die Drahtstärke entspricht ungefähr einem Drittel der Dicke des zu drahtenden Baumteiles.*
Nach dem Drahten wächst der Baum natürlich weiter. Dabei bildet er Holzzellen, die den Baumteil in der neuen Form stabilisieren. Gleichzeitig wird der Baum dicker, wodurch er langsam auf den Draht zu wächst. Je nach Baumart unterschiedlich schnell beginnt der Draht, in die Rinde zu drücken. Spätestens jetzt muss der Draht mit Hilfe der Drahtzange entfernt werden. Von oben nach unten und von außen nach innen wird der Draht Windung für Windung durchgekniffen (siehe Foto).

kleiner Bonsai-Drahtschneider

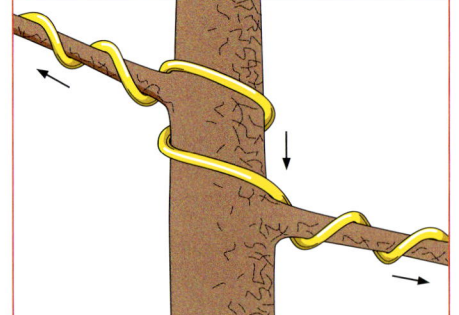

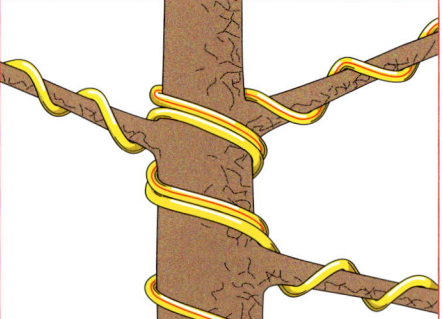

Bonsai-Draht

1 **Zwei Äste gemeinsam drahten** Bei der Formkorrektur stabilisieren sich zwei Äste als Gegenpol. Zunächst wird der eine gedrahtet, dann der Draht in einer vollen Windung um den Stamm geführt und anschließend der andere Ast gedrahtet. Sollen die Äste nach unten gebogen werden, kommt der Draht von oben.

2 **Zwei Äste auf gleicher Höhe** Hier kann der Draht nicht in voller Umdrehung um den Stamm geführt werden, um vom einen Ast zum anderen zu gelangen. Um Instabilität zu vermeiden, zunächst den einen Ast z. B. mit dem Stamm und dann den anderen Ast mit einem weiter unten liegenden Ast drahten.

Jin-Zange

Drahten Sie nur Baumteile ein, die wirklich einer Formkorrektur bedürfen.

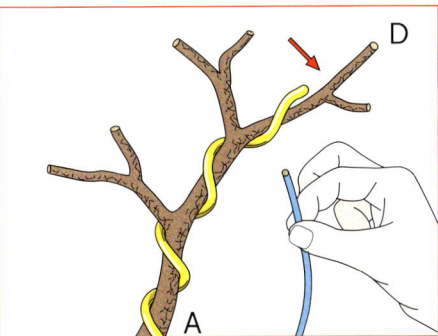

3 **Zuerst den Ast drahten** Ist ein Ast stärker verzweigt und werden ebenfalls alle Zweige in der Form korrigiert, muss das Drahten exakt geplant werden. Da der Ast mit dem dicksten Draht gedrahtet wird, kann dieser nicht bis zur Spitze (D) geführt werden. Diese gemeinsam mit einem dünneren Zweig drahten.

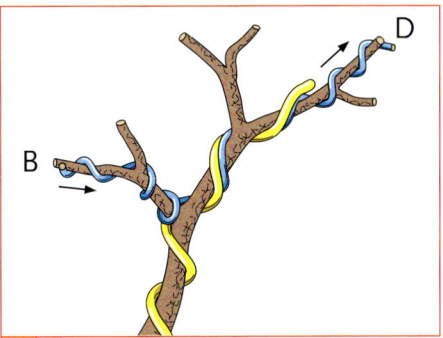

4 **Sekundärtriebe formen** Der hinterste Zweig am Ast (B) wird nun gemeinsam mit der Astspitze (D) gedrahtet. Der entsprechend dünnere Draht wird in ein bis zwei Windungen um den Zweig gewunden. Enganliegend zum Hauptdraht wird der Draht bis zur Astspitze geführt. Erst jetzt die Zweigspitze drahten.

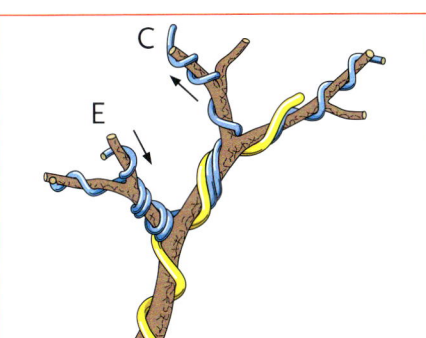

5 **Tertiäre Zweige formen** Mit einem dünneren Draht die Verzweigung des ersten Zweiges (E) drahten. Der Draht wird wieder parallel und eng anliegend zu den vorherigen Drähten nach vorn geführt und zur Formkorrektur des nächsten Zweiges (C) verwendet. Nach und nach jede zu korrigierende Verzweigung eindrahten.

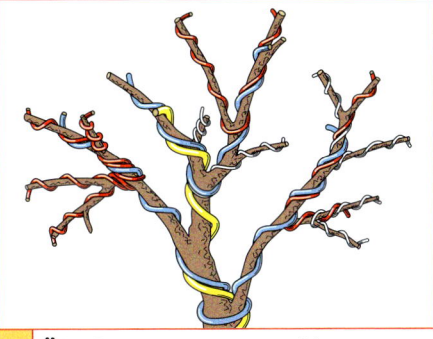

6 **Überkreuzungen vermeiden** Wenn man das Drahten einer umfangreicheren Verzweigung sorgfältig plant, kann man unschönes Überkreuzen von Drähten vermeiden. Immer mit den dicksten Drähten für die stärksten Astbereiche beginnen und dann mit dünneren Drähten zu schwächeren Verästelungen hinarbeiten.

Umtopfen – *erste Schritte*

Jede Pflanze, die in einem Gefäß sitzt, hat nach einiger Zeit den gesamten zur Verfügung stehenden Raum mit Wurzeln ausgefüllt, so auch ein Bonsai. Da sie nur dann oberirdisch weiterhin wachsen kann, wenn ihre Wurzeln wachsen können, müssen wir für neuen Wurzelraum sorgen. Wurzelmasse und oberirdischer Pflanzenbereich müssen immer in einem bestimmten Gleichgewicht zueinander stehen. Bei einer normalen Topfpflanze schaffen wir neuen Wurzelraum, indem wir in die nächste Topfgröße umpflanzen. Da bei einem Bonsai Baum und Schale in Harmonie zueinander stehen sollen, müssen wir auf andere Weise neuen Wurzelraum schaffen. Gleichzeitig mit dem Umtopfen führen wir einen Wurzelschnitt durch. Das geschieht ebenso, wenn wir eine geeignetere Schale wählen wollen.

Bonsai-Bürste

Wurzelkralle

Bonsai-Messer-Kralle

1 **Vor dem Umtopfen** Der etwa 20 Jahre alte Granatapfelbaum wurde vor drei Jahren das letzte Mal umgetopft. Er hat sich gut entwickelt, seinen oberirdischen Bereich stärker verzweigt. Während Ast- und Laubmasse zugenommen hat, haben sich auch die Wurzeln vermehrt. Im zeitigen Frühjahr daher umtopfen.

2 **Ausgefüllter Wurzelraum** Die Wurzeln haben den gesamten Schalenraum ausgefüllt. Bei ihrer Suche nach neuem Raum stoßen sie gegen die Schalenwände und gleiten bei ihrem weiteren Wachstum an den Wänden entlang. Der Wurzelballen drückt bereits den Baum in der Schale hoch.

Schnell wachsende Bäume wie die Weide müssen eventuell halbjährlich, mindestens jedes Jahr umgetopft werden.

3 **Moosoberfläche entfernen** Ein wichtiges Gestaltungsmerkmal ist ein guter Übergang zwischen Stamm und Wurzelballen. Hier sollten kräftige Wurzeln vom Stamm ausgehend in den Wurzelraum übergehen. Entfernt man das Moos von der Erde kann man diesen Bereich gut sehen.

4 **Moos am Stamm entfernen** Im Laufe der Zeit bildet sich an starkborkigen Stämmen Moosbesatz. Da der Baum über spezielle Rindenporen (Lentizellen) lebensnotwendigen Sauerstoff aufnimmt, das Moos mit einer speziellen Bonsai-Bürste mit Kunststoffborsten oder einer hartborstigen Zahnbürste entfernen.

5 **Wurzelballen lösen** Um den Baum problemlos aus der Schale zu heben, muss man den Wurzelballen vom Schalenrand lösen. Mit Hilfe eines scharfen Messers oder einer Bonsai-Messer-Kralle die dem Schalenrand anhaftenden Wurzeln abschneiden. Das schadet dem Baum nicht.

6 **Baum aus der Schale heben** Jetzt den Baum aus der Schale heben. Manchmal sind die Wurzeln in die Abdecknetze über den Wasserabzugslöchern hineingewachsen. Daher beim Herausheben des Baumes unter Umständen mit einer scharfen Schere diese Wurzeln durchtrennen. Nicht den Baum einfach herausreißen.

Umtopfen – der Wurzelschnitt

Die Durchführung des eigentlichen Wurzelschnittes ist für viele Bonsai-Neulinge mit Unsicherheit verbunden. Diese Unsicherheit ist unbegründet, wenn man zum einen die richtige Jahreszeit mit dem zeitigen Frühjahr gewählt hat und zum anderen mit Umsicht vorgeht. Bei Laubbäumen ist der richtige Zeitraum für den Wurzelschnitt gekommen, wenn die Knospen gerade anzuschwellen beginnen. Mit Umsicht arbeitet man, wenn man sich den Wurzelballen zunächst genau anschaut und dabei darauf achtet, dass der anschließende Wurzelschnitt gleichmäßig erfolgt. Nach dem Auskämmen des Wurzelfilzes kann man sehr gut sehen, welcher Wurzelbereich zu welchem Baumbereich hinführt.

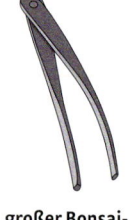

großer Bonsai-Drahtschneider

Bonsai-Draht

kleine Kunststoffnetze

1 **Wurzelfilz auskämmen** Mit der Wurzelkralle von außen nach innen den Filz lockern. Da die Wurzeln bei ihrem Wachstum nach außen drängen, sind sie am Schalenrand entlang gewachsen. Die langen Wurzeln lockern und die herabhängenden Wurzelbärte mit der scharfen Bonsai-Schere stark zurückschneiden.

2 **Wurzelballen reduzieren** Jetzt wird die Wurzelmasse insgesamt reduziert. Man kann ohne Probleme je nach Baumart etwa ein Drittel der Gesamtwurzelmasse entfernen. Hierbei werden auch auf der Unterseite des Ballens die Wurzeln zurückgeschnitten. Ziel ist es, einen flachen Wurzelteller zu erzeugen

3 **Abschließende Begutachtung** Das Ergebnis eines guten Wurzelschnitts ist ein flacher, gut proportionierter Wurzelballen. Abgestorbene Wurzelteile auf jeden Fall entfernen, da sie einen Fäulnisherd darstellen können. Solche Wurzelbereiche haben eine dunklere Färbung und eine matschige Konsistenz.

Beim Wurzelschnitt werden vor allem mitteldicke Wurzeln entfernt und möglichst viele feine Wurzeln erhalten.

4 **Schale vorbereiten** Wird die alte Schale wieder verwendet, muss sie gründlich von innen und außen gesäubert werden. Hier wird eine neue, besser zum Baum passende Schale ausgewählt. Damit die feinkrümelige Erde nicht durch die Wasserabzugslöcher rieselt, über diesen kleine Kunststoffnetze befestigen.

5 **Kunststoffnetze fixieren** Kleine Drahtschlaufen aus Bonsai-Draht zurechtbiegen. Die freien Enden des Drahtes eng an den Lochrändern durch das jeweilige Netz führen und flach auf den Schalenboden nach außen biegen. Danach die Drahtohren im Schaleninnenboden fest über die Kunststoffnetze drücken.

6 **Baumfixierungsdrähte anbringen** Nach dem Einpflanzen soll der Baum ungestört neue Wurzeln bilden. Damit sie durch Windbewegungen nicht abgerissen werden, muss man den Baum in der Schale befestigen. Hierzu längere Bonsai-Drähte von der Schalenunterseite durch Wasserabzugslöcher und Netze führen.

Umtopfen – den Baum einpflanzen

In der Zwischenzeit wurde die Pflanzerde vorbereitet. Als besonders gut zur Bonsai-Pflege geeignet hat sich die aus Japan importierte Akadama-Erde erwiesen. Diese in Japan natürlich abgebaute Erde hat den Vorteil, dass sie über lange Zeit ihre krümelige Struktur bewahrt. Ein Verdichten der Erde, welche leicht zu Bewässerungsproblemen führen kann, ist somit weitestgehend ausgeschlossen. Nur eine offenporige Erde stellt sicher, dass die Bäume sowohl mit Wasser und Nährsalzen, als auch mit Sauerstoff versorgt werden, wobei gleichzeitig überschüssiges Gießwasser zügig abgeführt wird. Zum Gebrauch muss die Erde gesiebt werden. Wir wählen Erdsiebe mit den Maschenweiten 1 cm, 6 mm und 1 mm.

1 Drainageschicht einfüllen In die vorbereitete Schale eine die Oberfläche bedeckende Schicht (mehr als 1 cm) grober Erde einfüllen. Diese Drainageschicht sorgt für zügigen Abfluss überschüssigen Gießwassers und verhindert Staunässe. Nun einen kleinen Hügel Pflanzerde auf die Drainageschicht geben.

Essstäbchen

Ballbrause

Bonsai-Besen

2 Baum einsetzen Auf dem Erdhügel (mittlere Körnung) mit sanftem Druck den Baum aufsetzen. Durch Hin- und Herdrehen für ein Auffüllen der Wurzelzwischenräume auf der Ballenunterseite sorgen. Der Baum sollte so weit einsinken, dass der Wurzelhals gerade oberhalb des Schalenrandes zu sehen ist.

3 Den Baum fixieren Die schon eingebrachten Fixierungsdrähte über den Wurzelballen legen. Jeweils zwei Drahtenden miteinander verdrehen und mit der flachen Drahtzange gut anziehen. Der Draht sollte nur wenig in den Wurzelballen einschneiden. Nun sitzt der Baum sicher an der richtigen Position.

Bei Säure liebenden Pflanzen wie der Azalee verwendet man die aus Japan importierte Kanuma-Erde.

4 Wurzelzwischenräume auffüllen Nun alle Zwischenräume mit Erde auffüllen und diese mit Hilfe eines abgerundeten Essstäbchens sorgfältig in alle Wurzelzwischenräume einarbeiten. Das ist wichtig, da nur die Wurzeln Wasser und Nährsalze aufnehmen können, die engen Kontakt mit der Erde haben.

5 Deckerde auflegen Feine Deckerde (Körnung etwa 1 mm) als dünne Abschluss-Schicht auflegen. Mit dem Bonsai-Besen die Oberfläche glätten, sie dabei leicht vom Schalenrand zum Wurzelhals ansteigen lassen. Keinen Gießrand anlegen, da eine harmonische Erdoberfläche wichtiges Gestaltungsmerkmal ist.

6 Gründlich angießen Mit Ballbrause oder Bonsai-Gießkanne nun so lange durchdringend wässern bis überschüssiges Gießwasser durch die Abzugslöcher ausfließt. Hierbei werden staubfeine Erdpartikel ausgespült. Bis zum sichtbaren Austrieb den Bonsai halbschattig und windgeschützt aufstellen, nicht düngen.

Bonsai selbst gestalten

Einen Bonsai von Anfang an selbst zu erziehen, ist sicherlich der Wunsch der meisten Bonsai-Liebhaber. Hier kann man sein künstlerisches Empfinden im Einklang mit den Möglichkeiten, die der zu gestaltende Baum bietet, mehr oder weniger stark ausleben. Die Ausgangspflanzen für die Bonsai-Gestaltung finden Sie in guten Baumschulen, im Bonsai-Fachhandel, in der freien Natur und manchmal sogar im eigenen Garten. Jeder Bonsai-Kandidat sollte einige Voraussetzungen mitbringen. Der Stamm sollte schon eine gewisse Dicke haben und sich zur Spitze hin verjüngen. Achten Sie darauf, dass erste kräftige Astansätze möglichst weit unten zu finden sind. Wichtig ist auch ein Wurzelansatz mit nach allen Seiten führenden dicken Wurzeln. Häufig verbergen sich bei Baumschulpflanzen solche Wurzeln im oberen Bodenbereich.

Einen Rohbonsai in Form bringen

In Japan gibt es spezielle Baumschulen, die sich darauf spezialisiert haben, Bäume für die Bonsai-Gestaltung vorzuziehen. Der rote Fächerahorn (Acer palmatum 'Deshojo') ist ein typisches Beispiel für einen solchen Baum. Zunächst wird solch ein Baum über mehrere Jahre im Freiland nach der „Wachsen-lassen-und-schneiden-Methode" so erzogen, dass er einen kräftigen Stamm bildet. Die Äste und Zweige lässt man hierbei lang durchwachsen und schneidet sie dann wieder stark zurück. Ist die gewünschte Stammdicke erreicht, wird der Baum in eine Trainingsschale umgepflanzt. Die Trainingsschale ist immer etwas größer, als bei Bonsai eigentlich erwünscht, damit sich der Wurzelbereich umstellen kann.

1 Rohbonsai begutachten Der Stamm ist kräftig und verjüngt sich zur Spitze hin recht gut. Da bei dieser Ansicht der Wurzelansatz sehr knotig wirkt, eignet sich diese Seite nicht als Vorderansicht des zu gestaltenden Bonsai. Entsprechend schauen wir den Baum von allen Seiten genau an.

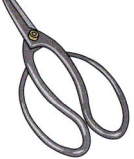

große Bonsai-Schere

Hainbuchenblatt

2 Vorderseite finden Die Vorderseite des Baumes ist dadurch gekennzeichnet, dass die Wurzelansätze nun harmonischer wirken. Zudem neigt sich der Stamm freundlich und öffnet sich in seinem Verlauf dem Betrachter. Bei der Vielzahl der vorhandenen Äste fällt es leicht, für die Gestaltung geeignete Äste auszuwählen.

3 Der Gestaltungsschnitt Einen Bonsai gestalten heißt seine Reduktion auf das Wesentliche. Dieser Baum trägt für einen Bonsai viel zu viele Äste. Bis auf wenige Äste werden daher alle anderen Äste dicht am Stamm entfernt. Hierbei muss man darauf achten, dass die Äste sowohl zu beiden Seiten als auch nach hinten weisen.

Schale

Man kann die Rohbonsai selbst aus
Sämlingen oder Stecklingen ziehen.

4 **Feinarbeiten** Nun muss die Stellung eines jeden Astes und sein weiterer Verlauf genau geplant werden. Insgesamt sollte die Astsilhouette später die Form eines ungleichschenkligen Dreiecks haben. Die Spitzen von Hauptast, zweitem Ast und Krone stellen jeweils die Eckpunkte des Dreiecks dar.

5 **Detailarbeiten** Jetzt den dickeren Ast an der ersten starken Stammbiegung auf einen dünneren Nebentrieb zurücksetzen. In seinem jetzigen Verlauf wäre er im Vergleich zum weiter unten liegenden Hauptast im Ansatz zu dick. Der dünnere Nebenast verlängert den Ast harmonischer.

6 **Die Rückseite** Man kann gut erkennen, dass der knotige Wurzelansatz der ehemaligen Vorderseite nun auf der Rückseite des Bonsai liegt. Desgleichen sind die Rückseiten der Äste gut zu sehen. Diese Rückseitenäste geben dem Bonsai optische Tiefe. Hier wird wieder deutlich, dass ein Bonsai ein dreidimensionales Kunstwerk darstellt.

7 **Der fertige Bonsai** Zum Abschluss erhält der Baum eine neue, ihm gemäßere Schale. Wir wählen eine ovale Schale mit beigefarbener Glasur. Die Schalenwandhöhe entspricht der Dicke des Stammes; ihre Breite sollte etwa zwei Dritteln der Baumhöhe entsprechen. In den nächsten Jahren wird durch den Schnitt die Verzweigung der Äste gefördert.

Blattschnitt, Rückschnitt, neue Form

Der Blattschnitt ist eine Möglichkeit, die zu großen Blätter eines Laub-Bonsai zu verkleinern. Grundsätzlich wird diese Methode nur bei absolut gesunden Bäumen angewendet, da der Eingriff den Baum für eine gewisse Zeit aus seinem Gleichgewicht bringt. Während der Baum im Frühjahr neue Triebe bildet, entwickeln sich daran gleichzeitig die neuen Blätter. In den Blattachseln, dem Bereich zwischen Blattansatz und Zweig, zeigen sich bereits die Knospen für den nächsten Austrieb. Beim Blattschnitt werden, sobald die Blätter ausgewachsen sind, alle Blattflächen mit scharfer Schere abgeschnitten. Die Blattstiele lässt man stehen. Nach einiger Zeit vertrocknen sie und fallen ab. Gleichzeitig treiben aus den Achselknospen neue Blätter, nun jedoch mit kleineren Blattflächen, aus.

1 **Während des Blattschnitts** Der Dreispitzahorn (*Acer buergerianum*) als Doppelstamm ist im Frühjahr kräftig ausgetrieben. An den überlangen Trieben ist schon mit dem Blattschnitt begonnen worden. Mit scharfer Schere nun alle anderen Blätter bis auf die Blattstiele entfernen.

flache
Konkavzange

Blattschneider

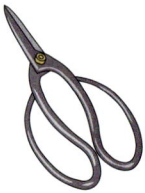

große
Bonsai-Schere

2 **Nach dem Blattschnitt** Nun kann der Baum wie im Winter genauer beurteilt werden. Es fällt auf, dass die Stämme falsch in der Schale stehen. Bei einem Doppelstamm steht der dickere Stamm im Vordergrund und der kleinere Stamm schräg versetzt im Hintergrund. Auch ist die Krone zu dicht.

3 **Rückschnitt** Für eine bessere Astverteilung mittels radikalem Schnitt sorgen. Die dichte Verzweigung und die Anzahl der Äste reduzieren. Den dickeren Ast an der ersten starken Stammbiegung des dickeren Stammes entfernen, da er in der neuen Baumstellung direkt auf den Betrachter weisen würde.

Um den Bonsai nicht zu sehr zu schwächen, sollten Sie nicht jedes Jahr einen Blattschnitt durchführen.

4 **Stellung der Stämme planen** Dreht man die Schale langsam, sieht man die richtige Positionierung der Stämme in der Schale. Beim Umtopfen im zeitigen Frühjahr des nächsten Jahres den Doppelstamm in dieser Position in die Schale pflanzen. In Vorbereitung auf diese Aktion, die Stämme jetzt beschneiden.

5 **Blattschnitt am alten Ficus** Bei Zimmer-Bonsai ist der Frühsommer die günstige Jahreszeit für den Blattschnitt. Nach dem Entfernen der Blattflächen sieht man die sehr langen Triebe und die ungünstigen Proportionen zwischen Ästen – starker Rückschnitt ist erforderlich.

6 **Nach dem Rückschnitt** Durch einen starken Rückschnitt der Zweige wird der Baum wieder richtig proportioniert. Die streng nach oben wachsenden Zweige entfernen. Alle anderen Zweige auf zwei bis drei Blattansätze zurücknehmen. Nach vier Wochen haben sich neue Blätter gebildet (siehe Foto).

Eine Baumschulpflanze gestalten

Im westfälischen Enger hat sich eine Baumschule darauf spezialisiert, junge Bäume so heranzuziehen, dass sie zu hervorragenden Bonsai gestaltet werden können. Die verwendete europäische Hainbuche (Carpinus betulus) kommt bei uns in der freien Natur vor und ist somit als Bonsai für unsere Breitengrade besonders gut geeignet. Als im Garten verwendete und dort beliebte Heckenpflanze, ist sie für ihre gute Schnittverträglichkeit bekannt. Selbst bei stärkerem Rückschnitt treibt diese Baumart willig aus. Sicherlich ein gutes Argument für eine Bonsai-Gestaltung – vor allem für Bonsai-Neulinge. Mit dieser Baumart kann man gut seine ersten eigenen Gestaltungsversuche starten, werden Schnittfehler doch meist gut verziehen.

1 Die Gestaltung planen Der Stamm spaltet sich augenfällig in zwei Hauptäste, die gemeinsam die Krone bilden. Um einen Bonsai in frei aufrechter Form zu erhalten, einen der beiden Äste zum Teil entfernen. Der linke Ast bietet bessere Gestaltungsmöglichkeiten, er wird die Stammverlängerung bilden.

Buche

runde
Konkavzange

Bonsai-Schale

2 Rechten Ast zurücksetzen Nach der Verzweigung der beiden Kronenäste finden wir eine für die weitere Gestaltung interessante Verästelung zur rechten Seite hin. Dieser Bereich eignet sich gut als erster Hauptast. Darauf wird der rechte Kronenast mit Hilfe der runden Konkavzange zurückgesetzt.

3 Der Detailschnitt Hier kann man die Feingestaltung allein durch Schneiden erreichen. Dazu alle Verzweigungen entfernen, die von den neuen Hauptästen senkrecht nach oben wachsen. Und zwar in erster Linie durch Zurücksetzen auf dünnere Nebentriebe, die in die Horizontale wachsen. Zusätzlich alle Triebe, die andere Triebe kreuzen, entfernen.

Manchmal können so genannte Mutterpflanzen für die Stecklingsvermehrung sehr schöne Rohbonsai sein.

4 **Die Rückseite** Nochmals die Stellung der Äste betrachten und eventuell Korrekturen vornehmen. Auf der Rückseite dürfen Triebe auf den Betrachter weisen, was auf der Vorderseite nur im oberen Drittel der Krone erlaubt ist. Rückseitenäste geben dem Baum von vorn gesehen die notwendige optische Tiefe.

5 **Wurzelballen begutachten** Der Wurzelballen hat die hohe Form des Anzuchttopfes angenommen. Da wir bei der Bonsai-Gestaltung mit flachen Schalen arbeiten, muss der Wurzelballen flacher werden. Wir gehen hierbei wie beim normalen Umtopfen im Frühjahr vor (siehe Seiten 40–45).

6 **Wurzelballen reduzieren** Da wir im oberirdischen Bereich viele Äste und Zweige entfernt haben, können wir auch den Wurzelballen deutlich reduzieren. Die oberirdischen Pflanzenbereiche stehen im Gleichgewicht zur Wurzelmasse. Zusätzlich schaffen wir so die Möglichkeit für Zuwachs in der Bonsai-Schale.

7 **Vorläufiges Ende der Gestaltung** Damit sich der Baum in den nächsten Jahren feiner verzweigen kann, wählt man zunächst eine etwas zu hohe Schale aus. In dem Maße, in dem die Wurzeln wachsen können, werden neue oberirdische Triebe gebildet. Beim nächsten Umpflanzen können wir dann eine flachere und etwas breitere Schale verwenden.

Kerbbuche – *frei aufrechte Form*

Die aus Japan stammende Kerbbuche (Fagus crenata) *ist mit unserer heimischen Rotbuche (Fagus silvatica) eng verwandt. Im Gegensatz zur Rotbuche bildet sich bei der Kerbbuche schon in jungen Jahren eine silbrig glänzende, glatte Rinde aus. Die Blätter der Kerbbuche erinnern an die Blätter der Rotbuche, sind jedoch deutlich kleiner.*
Die etwa 15 Jahre alte Kerbbuche in unserem Beispiel hat einen kräftigen Stamm und eine gute Verzweigung, die sie zum Gestalten eines Bonsai geeignet macht. Sie ist bisher in einem Anzuchttopf gepflegt und dabei nur sehr grob vorgestaltet worden. Der Vorteil dieser Methode liegt in dem rascheren oberirdischen Zuwachs, wobei der Wurzelballen gleichzeitig kompakt gehalten wird.

1 **Form des Baumes analysieren** Bei eingehender Betrachtung von allen Seiten versucht man die Vorderseite des späteren Bonsai festzulegen. Entscheidend ist hierbei ein interessanter Stammverlauf und eine damit harmonierende Verteilung der Äste. Der Stamm sollte sich auf weiter Strecke dem Betrachter öffnen.

Kerbbuchenblatt

**große
Bonsai-Schere**

2 **Die Baumrückseite** Von der Rückseite her betrachtet, ist der Stammverlauf nicht harmonisch. Seine unterste Biegung erscheint relativ eckig, die Stellung der wichtigsten Äste ist nicht ideal. Sie entwickeln sich nicht folgerichtig aus dem Stammverlauf. Das gilt vor allem für den untersten Ast, der aber für die Gestaltung wichtig ist.

3 **Auf neue Baumspitze zurücksetzen** Bei der Ausgangspflanze erscheint vor allem der obere Baumteil wie aufgesetzt. Er sieht nicht aus, wie eine logische Verlängerung des Stammes. Daher wird die Stammlänge reduziert und auf eine geeignetere Höhe zurückgesetzt. Ein ehemaliger Nebenast soll von nun an die neue Baumspitze bilden.

**ovale
Bonsai-Schale**

Auch in der Natur gesammelte junge Birken kann man zu sehr schönen Bonsai-Wäldern gestalten.

4 **Baumsilhouette festlegen** Sie stellt ein ungleichschenkliges Dreieck dar, dessen Eckpunkte die neue Baumspitze und die Spitzen des Hauptastes auf der linken Seite bzw. des zweiten Astes, der auf der rechten Seite liegt, sind. Entlang dieser gedachten Linien alle Äste in ihrer Länge reduzieren.

5 **Rechte Baumseite angleichen** Gemäß der Planung zuerst Äste der rechten Baumseite kürzen. Dabei stets auf einen geeigneten Nebenast zurückschneiden. Gleichzeitig die Verzweigung der Äste vermindern; sie sollte von unten nach oben geringer werden, um ein Übergewicht der oberen Baumregion zu vermeiden.

6 **Linke Baumseite gestalten** Der Hauptast liegt auf der linken Baumseite. Er ist der dickste, längste und verzweigteste Ast. Die über ihm liegenden Kronenäste entlang der Dreieckslinie einkürzen und schließlich ihre Verzweigung vermindern. Nun beim zweiten Ast, der auf der rechten Seite liegt, die Verzweigung weiter reduzieren.

7 **Ein Jahr später** Nach der Gestaltung wurde der Baum in eine dunkelblaue, ovale, flache Schale gepflanzt. Der Stamm entspringt dem Wurzelballen weit rechts in der Schale, sein Schwerpunkt liegt aber etwa ein Drittel von der linken Schalenseite entfernt. Durch selektiven Beschnitt der neuen Triebe sind dichte flache Laubpolster entstanden.

Ein Wald fürs Zimmer

Für die ersten Gestaltungs- versuche *von Bonsai-Neulingen eignet sich die Formung kleiner Wälder besonders gut. Bei dieser Grundstilart braucht man noch nicht so umfangreiche Kenntnisse, wie man sie für die Gestaltung von Einzel- Bonsai benötigt. Auch kann man in Wald- gestaltungen kleine Bäume integrieren, die für eine Gestaltung zum Einzel-Bonsai nicht in Frage kommen. Hier können ein- seitig gewachsene Bäume genauso zum Einsatz kommen, wie noch sehr junge Bäume, ja selbst einzelne abgestorbene Bäume können der Waldgestaltung einen besonderen optischen Reiz verleihen. Mit Umsicht eingesetzt, können sie dem Wald mehr Natürlichkeit geben.*

1 **Pflanzen auswählen** Ficus-Arten eignen sich als Zimmer-Bonsai. Wegen der von Natur aus kleinen Blätter wählen wir die Birkenfeigen-Sorte *Ficus benjamina* 'Natascha'. Für einen Wald eine ungerade Baumanzahl unterschiedlicher Größe und Dicke nehmen, wobei der dickste Baum stets der größte sein sollte.

Essstäbchen

Schütte

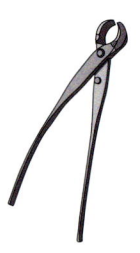

runde
Konkavzange

2 **Einzelbäume formen** Zuerst die aus einem Gartencenter stammenden Bäume für ihren Einsatz als Bonsai formen. Den deutlich zu hohen Hauptbaum in sei- ner Höhe reduzierrn. Den dicken Leittrieb entfernen und die Stammverlängerung auf einen dünneren Trieb mit Hilfe der Kon- kavzange zurücksetzen.

3 **Stellprobe** Vor dem Einpflanzen in die Schale die Bäume zur Probe zusammenstellen. Nun kann man schon einmal die Wirkung des späteren Bonsai- Waldes überprüfen. Eventuelle Formkor- rekturen an einzelnen Bäumen, ihr Stel- lungswechsel im Wald oder der Austausch einzelner Bäume ist jetzt noch möglich.

Die in Gartencentern oft angebotenen Birkenfeigen ergeben einen sehr schönen Zimmer-Bonsai-Wald.

4 **Schale vorbereiten** Bei der Schale, einer sehr flache Landschaftsschale mit einer Glasur in kühlem Blau, die Wasserabzugslöcher mit Kunststoffnetzen abdecken, Fixierungsdrähte einführen und eine dünne Schicht grober Erde als Drainageschicht einfüllen. Dazu eine Bonsai-Erdschaufel verwenden.

5 **Bäume einsetzen** Alle Bäume wurden beschnitten und vertragen daher einen Wurzelschnitt. Die Wurzelballen müssen primär flacher werden. Den Hauptbaum ein Drittel vom linken Rand entfernt setzen. Die anderen Bäume in zwei Gruppen arrangieren. Das Schwergewicht der Pflanzung liegt auf der linken Schalenseite.

6 **Wurzelzwischenräume auffüllen** Alle Bäume wurden mit Fixierungsdrähten in ihrer Position stabilisiert. Nun die Zwischenräume zwischen den Wurzeln mit Pflanzerde auffüllen. Dazu die lockere Erde mit Hilfe eines an der Spitze abgerundeten Essstäbchens zwischen den Wurzeln einarbeiten.

Bonsai-Wälder *für draußen*

Für eine Waldpflanzung *wählen wir Bäume derselben Art aus. Setzt man unterschiedliche Pflanzenarten für eine Waldpflanzung ein, kann es zu Pflege-problemen kommen. Die einzelnen Bäume sollten unterschiedlich dick und hoch sein. Der dickste und höchste Baum ist der Hauptbaum des Waldes. Er wird niemals genau in die Mitte der Schale gepflanzt. Sein Standort ist ein Drittel von einer Schalenseite entfernt und kurz vor der Mittellinie der Schale. Der zweitgrößte Baum ist der Nebenbaum. Dieser steht entweder knapp hinter dem Hauptbaum oder er dient als Hauptbaum einer Neben-gruppe. Mit den anderen Bäumen geben wir der Gestaltung Natürlichkeit und optische Tiefe. Kein Stamm sollte einen anderen verdecken.*

1 **Bäume zusammenstellen** Für die Waldpflanzung eine ungerade Anzahl Lärchen (*Larix decidua*) auswählen. Die Bäume sind unterschiedlicher Höhe und Dicke zusammengestellt. Sie wurden schon einige Jahre auf ihre Bestimmung als Bonsai vorbereitet. Weit unten setzen bereits die ersten Äste an.

Essstäbchen

Moos

Bonsai-Draht

2 **Das Arrangement** Alle Bäume werden zunächst stark beschnitten. Die Wurzelballen sind ebenfalls verklei-nert und vor allem flacher gearbeitet worden. Die Bäume werden in zwei Grup-pen zusammengestellt, wobei sich die beiden Hauptbäume aufeinander bezie-hen. Kleinere Bäume in den Hintergrund gesetzt geben der Gestaltung Tiefe.

3 **Bäume fixieren** Die Fixierungsdräh-te sind bei der Schalenvorbereitung durch die Wasserabzugslöcher geführt worden. Nun werden sie über die Wurzel-ballen gelegt und die Drahtenden fest mit-einander verdreht. Ohne Fixierungsdrähte würden die Bäume in der lockeren Erde keinen Halt finden und sogar von leichten Winden umgedrückt werden.

Lärchen eignen sich optimal für Waldgestaltungen, da sie wie
Laubbäume einen Jahreszeitenwechsel durchmachen.

4 **Schale auswählen** Nadelbäume
wirken besser in unglasierten,
erdfarbenen Schalen. Die eckige Form
unterstreicht ihren herben Charakter.
Wurzelzwischenräume mit Erde auffüllen.
Nur Wurzeln, die Kontakt zur Erde haben,
können Wasser und Nährsalze aufnehmen
und die Pflanzen versorgen.

5 **Flache Moospolster auslegen**
Wegen ihrer optischen Wirkung, aber
auch als Wasserspeicher kann man flache
Moospolster auf die Erdoberfläche auflegen. Man erntet sie entweder aus anderen Bonsai-Schalen, z. B. beim Umtopfen,
oder in der Natur von bemoosten Steinen,
die in der prallen Sonne liegen.

6 **Die fertige Pflanzung** Nach der
Gestaltung den Wald gut angießen,
zunächst im Halbschatten aufstellen und
weiterhin feucht gehalten. Im Frühjahr
treiben die Lärchen mit lindgrünem Laub
aus – ein Zeichen dafür, dass die Bäume
die Gestaltung gut überstanden haben.
Nun kann der Wald langsam an einen
sonnigeren Standort gewöhnt werden.

7 **Die Alternative – ein Laubwald**
Grundsätzlich kann man aus jeder
Baumart einen schönen Wald pflanzen.
Hier haben wir einen Wald aus Dreispitz-
ahornen (*Acer buergerianum*). Laubwälder
wandeln ihren Charakter im Wechsel der
Jahreszeiten. Im Herbst färbt sich das Laub
in leuchtenden Farben, bevor es zum
Winter hin abgeworfen wird.

Jahresarbeitskalender

Bonsai leben in Schalen und können sich daher nicht selbst mit dem notwendigen Wasser und den darin gelösten Nährsalzen versorgen. Wir müssen unsere Bonsai das ganze Jahr über mit den lebensnotwendigen Stoffen versorgen. Die erforderlichen Pflege-, aber auch die Gestaltungsmaßnahmen sind von Jahreszeit zu Jahreszeit verschieden. Das Frühjahr ist sicherlich die arbeitsintensivste Zeit an unseren Bonsai. In dieser Zeit wird normalerweise umgetopft, die überlangen Triebe des vergangenen Jahres werden zurückgeschnitten und eventuell muss gedrahtet werden. Im Sommer wird das Schwergewicht in der erhaltenden Pflege liegen, während der Winter durch entsprechende Schutzmaßnahmen überstanden werden muss.

Im Winter befinden sich die Bäume im Ruhezustand

November und Dezember   Allgemein: Nun befinden sich die Außen-Bonsai in ihrem Überwinterungsquartier. Temperaturen bis –5 °C schaden den Freiland-Bonsai nicht. Erst nach mehreren Tagen mit eingefrorenem Wurzelballen droht eventuell so genannte „Frosttrocknis", da die oberidischen Baumteile weiterhin Wasser verdampfen, das aber von den eingefrorenen Wurzeln nicht nachgeliefert werden kann.
Auf keinen Fall dürfen Bäume aus der Winterruhe in geheizte Räume gebracht werden. Die Winterruhe wird aufgehoben und es drohen nachhaltige Schäden.
Januar   Allgemein: Nun ist Vorsicht an klaren, sonnigen Tagen geboten! Stehen die Bäume in der prallen Sonne, kann es in der nachfolgenden, frostigen Nacht zu Rindenabsplitterungen kommen. Im Überwinterungsschutz sollten die Temperaturen nicht über 10 °C ansteigen.

Zeitiges und spätes Frühjahr, die Zeit der Hauptarbeit

Februar   Umtopfen: Jetzt können Laubbäume bereits umgetopft werden. Danach frostfrei aufstellen.
Gießen: Umgetopfte Bäume regelmäßig feucht, aber nicht nass halten. Auch die anderen Bäume erwachen langsam aus der Winterruhe und haben einen erhöhten Wasserbedarf.
Schneiden: Dickere Äste, abgestorbene Zweige und überlange Triebe können eingekürzt werden. Gute Wundversorgung beachten!
Drahten: Sobald die Äste biegsamer werden, kann bei Bedarf gedrahtet werden. Die Äste dürfen nicht mehr eingefroren sein.
März   Allgemein: Auf Schädlingsbefall kontrollieren und bei Bedarf einen Fachmann aufsuchen.
Umtopfen: Jetzt können noch Bäume, deren Knospen gerade anzuschwellen beginnen, umgetopft werden.
Schneiden: Sobald die Knospen anzuschwellen beginnen, können wir auf die Knospen mit der erwünschten Wuchsrichtung zurückschneiden.
Drahten: Wird jetzt gedrahtet, muss man sehr vorsichtig sein. Anschwellende Knospen brechen beim Drahten sehr schnell ab.
April   Allgemein: Jetzt besonders auf Spätfröste achten!
Umtopfen: Fichten und Wacholder können weiterhin umgetopft werden.
Schneiden: Laubbäume werden in Form geschnitten. Bei Nadelbäumen keine starken Schnittmaßnahmen mehr durchführen, sondern erst den Neuaustrieb abwarten und dann die Formerhaltung durchführen.

Mai   Allgemein: Nun sind auch die Schadinsekten unterwegs. Bei Befall Fachmann aufsuchen!
Gießen: Täglich die Bodenfeuchte kontrollieren und bei Bedarf gießen.
Düngen: Nun kann bei gut ausgetriebenen Bäumen mit dem Düngen begonnen werden.
Schneiden: Die ersten Formerhaltungsarbeiten an Laub- und Nadelbäumen sind erforderlich.

Der Sommer dient der erhaltenden Pflege

Juni   Gießen: Meist ist tägliches Gießen erforderlich.
Düngen: Jetzt muss auf jeden Fall gedüngt werden.
Schneiden: Bei Kiefern sind spätestens jetzt die Kerzen gestreckt und müssen der Art entsprechend beschnitten werden.
Blattschnitt: Sehr gesunde Laubbäume vertragen nun einen Blattschnitt. Dafür muss das Laub gut ausgehärtet sein.
Juli   Gießen: Eventuell muss sogar mehrmals am Tag gegossen werden.
Düngen: Weiterhin gut düngen. Nach einer längeren Regenperiode kann eine Extraportion Dünger notwendig sein.
Schneiden: Stark wachsende Bäume werden regelmäßig zurückgeschnitten. Wunden heilen besonders schnell.
Drahten: Eingedrahtete Bäume täglich kontrollieren. Der Draht kann möglicherweise schnell in die Rinde drücken und muss dann entfernt werden.
August   Gießen: Weiterhin ist der Wasserbedarf recht hoch.
Düngen: Bei den meisten Bäumen endet die Düngeperiode. Bei blühenden Bäumen jetzt einen Kali-Phosphor-Dünger einsetzen.
Schneiden: Keine größeren Schnittmaßnahmen mehr durchführen, da die Bäume sonst noch einmal stark austreiben und sich nicht auf den Winter vorbereiten können.
Drahten: Sich in die Rinde eindrückender Draht muss schnell entfernt werden. Bis zum Frühjahr keine Neudrahtung vornehmen.

Der Herbst dient der Wintervorbereitung

September   Allgemein: Die Bäume bereiten sich auf den Winter vor. Die Herbstfärbung setzt ein. Auf keinen Fall mehr starke Schnittmaßnahmen durchführen.
Gießen: Nun wird der Wasserbedarf langsam geringer.
Düngen: Bis zum Frühjahr des nächsten Jahres wird nicht mehr gedüngt.
Oktober   Allgemein: An Buchen, Hainbuchen und Eichen bleiben die braunen Herbstblätter den Winter über an den Bäumen. Bereits herabgefallene, braune Blätter aller Laubbäume, aber auch der Nadelbäume, werden sorgfältig vom Boden abgesammelt, da sie Brutstätten für Schädlinge sein können. Das Überwinterungsquartier wird vorbereitet.

Anhang

KOSMOS-BÜCHERTIPPS

Prescott, D.: Das Bonsai-Handbuch. 2002.
Stahl, H.: Bonsai. Vom Grundkurs zum Meister. 2001.
Stahl, H.: Bonsai – Die hohe Kunst. 2006
Stahl, H. u. Rüger, H.: Bonsai. 2004
Stahl, H. u. Rüger, H.: Bonsai aus heimischen Bäumen selbst gezogen. 2006.
Stahl, H. u. Rüger, H.: Zimmerbonsai. 2006

BEZUGSQUELLEN

Geeignete Bonsai-Pflanzen, Schnittwerkzeuge und Zubehör bekommen Sie im Bonsai-Fachhandel, in Gartencentern oder auch in Baumschulen. Sie finden die Adressen in Ihrem Branchenfernsprech-buch.
In einschlägigen Gartenzeitschriften können Sie sich über das Angebot von Pflanzenversendern und speziellen Anbietern informieren.

REGISTER

BILDNACHWEIS
Mit 148 Farbfotos von Helmut Rüger, Schöneck.
Mit 103 Farbzeichnungen von Wolfgang Lang, Grafenau-Döffingen.

Mit 149 Farbfotos, 106 Farbzeichnungen.
Umschlaggestaltung von eStudio Calamar, Spanien unter Verwendung von einem Foto von Helmut Rüger und drei Zeichnungen von Wolfgang Lang.

Unser gesamtes lieferbares Programm und viele weitere Informationen zu unseren Büchern, Spielen, Experimentierkästen, DVDs, Autoren und Aktivitäten finden Sie unter **www.kosmos.de**

Gedruckt auf chlorfrei gebleichtem Papier.

© 2002, Franckh-Kosmos Verlags-GmbH ⟍ Co.KG, Stuttgart
Alle Rechte vorbehalten
ISBN 978-3-440-09285-9
Redaktion und Bildredaktion: Christiane Theis
Grundlayout: eStudio Calamar
Gestaltung: Christiane Theis
Produktion: Ralf Paucke/Dr. Helmut Neuberger
Printed in Slovakia / Imprimé en Slovaquie

Faszinierende Kunstwerke

David Prescott
Das Bonsai-Handbuch
160 Seiten, 300 Abbildungen
€ 29,90; €/D 30,80; sFr 53,–
ISBN 978-3-440-09391-7

■ Das umfassende Praxis-Handbuch
  mit brillanten Fotos von Bonsai-
  Kunstwerken

■ Die 24 besten Baumarten im
  Porträt

Stahl/Rüger
Bonsai – Gestalten, Pflegen, Porträts
144 Seiten, 219 Abbildungen
€ 19,95; €/D 20,60; sFr 36,90
ISBN 978-3-440-10062-2

■ Die Geschichte der Bonsai-Kunst,
  botanische Grundlagen sowie die
  richtige Gestaltung und Pflege

■ Mit großem Porträt-Teil der
  schönsten und wichtigsten Arten

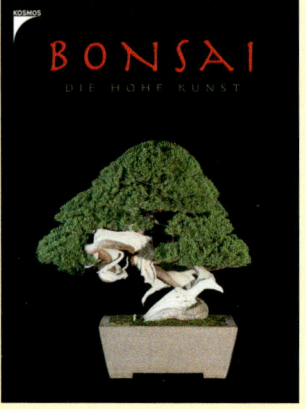

Horst Stahl
Bonsai – Die Hohe Kunst
256 Seiten, 320 Abbildungen
€ 49,90; €/D 51,30; sFr 86,–
ISBN 978-3-440-10670-9

■ Eine exzellente Kombination aus
  Bildband und Arbeitsbuch für jeden
  Bonsai-Liebhaber

■ Ein einmaliges Buch mit fantastischen
  Fotos von über 150 außergewöhn-
  lichen Bonsai

KOSMOS

www.kosmos.de   Preisänderung vorbehalten